सारा शगुफ़्ता

सारा शगुफ़्ता का जन्म 31 अक्तूबर, 1954 को पाकिस्तान के गुजराँवाला में हुआ। पाकिस्तान के उत्तर-आधुनिक उर्दू शायरों में उनका विशिष्ट स्थान है। अपने व्यथापूर्ण जीवन को आधार बनाकर गद्य शैली में इक़बालिया नज़्में लिखने में वे अपनी मिसाल आप रही हैं। निजी जीवन में बार-बार मिले आघातों से विचलित होकर उन्होंने 4 जून, 1984 को कराची में रेल से कटकर आत्महत्या कर ली, जिसके बाद उनके मित्रों ने उनकी नज़्मों को इकट्ठा कर 1985 में *आँखें* शीर्षक से छपवाया। यह उनकी नज़्मों का पहला संग्रह था। बाद के वर्षों में उनकी और भी बहुत-सी नज़्में मिलीं जिन्हें इकट्ठा कर 1993 में *नींद का रंग* शीर्षक से छापा गया। एक दक़ियानूसी समाज के अन्यायों का शिकार बनी सारा की शायरी को उनकी मौत के बाद व्यापक तौर पर सराहना मिली। उनकी मित्र और सुप्रसिद्ध लेखक अमृता प्रीतम ने जब उनकी जीवनी *एक थी सारा* लिखी तो भारत के साहित्यिक दायरे में भी सारा को लेकर दिलचस्पी बढ़ी, उनके जीवन पर आधारित कई नाटक लिखे और मंचित किए गए।

अर्जुमंद आरा

अर्जुमंद आरा दिल्ली विश्वविद्यालय के उर्दू विभाग में प्रोफ़ेसर हैं। उन्होंने जवाहरलाल नेहरू विश्वविद्यालय से उर्दू साहित्य में उच्च शिक्षा प्राप्त की। उर्दू आलोचना और अनुवाद के क्षेत्र में सक्रिय हैं। धर्मवीर भारती, अरुंधति राय, विभूति नारायण राय, मुशीरुल हसन, गार्गी चक्रवर्ती, राल्फ़ रसल (उर्दू शायरी और ग़ालिब के ब्रिटिश विशेषज्ञ), अतीक़ रहीमी (अफ़ग़ानिस्तान मूल के फ्रांसीसी उपन्यासकार), हसन ब्लासिम (इराक़ी कहानीकार), तय्यब सालिह (सूडानी उपन्यासकार), ताहर बिन जल्लून (मोरक्को मूल के फ्रांसीसी उपन्यासकार) इत्यादि के अनेक उपन्यासों और जीवनियों का उर्दू में तर्जुमा कर चुकी हैं। अनुवाद के लिए उर्दू अकादमी, दिल्ली ने 2013 में उन्हें सम्मानित भी किया।

नींद का रंग

सारा शगुफ़्ता

लिप्यंतरण और सम्पादन
अर्जुमंद आरा

राजकमल पेपरबैक्स

राजकमल पेपरबैक्स में
पहला संस्करण : 2022

राजकमल पेपरबैक्स : उत्कृष्ट साहित्य के जनसुलभ संस्करण

राजकमल प्रकाशन प्रा.लि.
1-बी, नेताजी सुभाष मार्ग, दरियागंज
नई दिल्ली-110 002
द्वारा प्रकाशित

शाखाएँ : अशोक राजपथ, साइंस कॉलेज के सामने, पटना-800 006
पहली मंजिल, दरबारी बिल्डिंग, महात्मा गांधी मार्ग, प्रयागराज-211 001
36-ए, शेक्सपियर सरणी, कोलकाता-700 017
वेबसाइट : www.rajkamalprakashan.com
ई-मेल : info@rajkamalprakashan.com

बी.के. ऑफसेट
नवीन शाहदरा, दिल्ली-110 032
द्वारा मुद्रित

मूल्य : ₹199

NEED KA RANG
Nazmein by Sara Shagufta
Transliteration and Editing by Prof. Arjumand Ara

ISBN : 978-93-90971-42-8

नींद का रंग

तरतीब

हाल-ए-दिल लिखूँ कब तक!

पाकिस्तान में नारीवादी उर्दू शायरी की एक उत्कृष्ट लेकिन बहिष्कृत आवाज़ सारा शगुफ़्ता की नज़्मों का दूसरा संग्रह *नींद का रंग* आपके हाथों में है। उसका पहला संग्रह *आँखें* उर्दू में 1985 में उसकी मौत के बाद प्रकाशित हुआ था। सारा ने अपनी आयु के केवल तीसवें वर्ष में कराची में रेल से कटकर आत्महत्या कर ली थी। उसका जीवन परिवार और समाज के हाथों प्रताड़ना और पीड़ा से भरा था जिसे उसने अपनी कविता का मुख्य स्वर बनाया।

सारा शगुफ़्ता 31 अक्तूबर, 1954 को गुजराँवाला (पंजाब, पाकिस्तान) के एक ग़रीब परिवार में पैदा हुई। उसके पिता दूसरी पत्नी के साथ रहने लगे थे और सारा की माँ और अन्य बहन-भाई गुज़ारे के लिए फूल पिरोया करते थे। केवल चौदह वर्ष की उम्र में सारा की शादी कर दी गई, और ससुराल में सब्ज़ी के ख़र्चे में से सिक्के बचा-बचा कर उसने नवें दर्जे की किताबें ख़रीदीं और इम्तिहान पास किया। लगभग दस साल चलने वाली इस शादी से सारा ने तीन बच्चों को जन्म दिया जो तलाक़ के बाद उससे छीन लिये गए। उसकी दूसरी शादी एक शायर से हुई जिसमें एक मृत बच्चे को जन्म देने के बाद सारा ने अपनी पीड़ा को सँजोकर और पति की संवेदनहीनता से आहत होकर नज़्में लिखना शुरू कीं। उसने चार बार घर बसाया जो हर बार टूट गया। उसे निरन्तर मानसिक आघात सहने पड़े, और अन्तिम शादी तो ऐसे दिनों में की गई जब मानसिक सन्तुलन बिगड़ जाने के कारण उसका इलाज चल रहा था और वह अत्यधिक विचलित और संवेदनशील हो चुकी थी।

उसने कई बार आत्महत्या की कोशिश की और अन्ततः 4 जून, 1984 को उसकी यह कोशिश कामयाब हो गई।

वह अपनी असहनीय पीड़ा का ब्यौरा लिखकर अक्सर अमृता प्रीतम को भेजती थी, जिसके आधार पर बाद में अमृता प्रीतम ने सारा शगुफ़्ता की जीवनी लिखी, जो *एक थी सारा* शीर्षक से प्रकाशित हुई। दुखद और चौंकाने वाले अन्त और फिर अमृता की तवज्जो का केन्द्र बनने के कारण हिन्दुस्तान और पाकिस्तान के साहित्य-जगत ने सारा में यकायक दिलचस्पी लेना शुरू की और उसके जीवन और रचना-संसार का गहराई से आकलन किया जाने लगा।

सारा शगुफ़्ता की नज़्मों के संग्रह द *कलर ऑफ़ स्लीप एंड अदर पोयम्स* के अंग्रेज़ी अनुवादक और समालोचक असद अलवी द *हिन्दू* में प्रकाशित (16 जुलाई, 2016) एक साक्षात्कार में कहते हैं :

> जहाँ तक सारा शगुफ़्ता के अनुभवों की बात है, तो मेरे नज़दीक उनमें सबसे ऊँचा उसका प्रतिरोध का स्वर है। यह वह औरत है जिसे बचपन में भावनात्मक और शारीरिक स्तर पर प्रताड़ित किया गया, चार मर्दों ने तलाक़ दी, बच्चों ने छोड़ दिया, मुशायरा सर्किल ने बहिष्कृत किया। लेकिन यही वह औरत भी है जिसने इन परिस्थितियों के सामने चुप रहने से इनकार कर दिया...अगर उसकी काव्य-शैली की बात की जाए, तो वह उर्दू-फ़ॉर्मलिज़्म के बर्तन को उठाकर खिड़की के बाहर फेंक देती है—शगुफ़्ता आज़ाद नज़्म के स्वरूप को तोड़ती-फोड़ती है, तहस-नहस कर डालती है, और नए सिरे से नए साँचे में ढालती है।

उर्दू के उत्तर-आधुनिक शायरों में गिनी जाने वाली सारा शगुफ़्ता ने गद्य शैली में लिखा। उसकी अत्यन्त संवेदनशील और विद्रोही प्रकृति ने उसे एक उत्कृष्ट नारीवादी कवि बनाया। लेकिन उसका मूल स्वर परम्परावादी समाज के दबावों से जन्मी आन्तरिक व्यथा और वेदना की इक़बालिया (कन्फ़ेशनल) अभिव्यक्ति है जिसे उसने एक विद्रोही नारीवादी चेतना के साथ गूढ़ प्रतीकों के माध्यम से

व्यक्त किया है। इसी कारण उसकी तुलना अमेरिकी उत्तर-आधुनिक कवि सिल्विया प्लाथ (Sylvia Plath) से की जाती है—दोनों ने न केवल एक विशिष्ट प्रकार की इक़बालिया कविताएँ लिखीं, बल्कि दोनों के निजी जीवन व्यथापूर्ण रहे और दोनों ने आत्महत्या की।

दिसम्बर, 2021 **—अर्जुमंद आरा**
दिल्ली

इन्तिज़ार की कुटिया

दिल की मस्जिद से रोज़ जनाज़े उठते हैं
शाख़ पे फूलों की उम्र-ए-क़ैद कितनी है
मैंने आँखों में इन्तिज़ार को फाँसी दी है
वक़्त और मेरे दरमियान इन्तिज़ार की रूह रहती है
आँखों से छुप के रहना—हँसते रहना
रोकर कितने चुप हुए
अकेली कुटिया है जो तेरे दिल में मेरे दिल में रहती है
और ऐ संग-तराश!
हम क्यों पत्थर में रहें, कोई क्यों पत्थर में रहे?
चल ख़ाक को अब आँगन कहें
सूरज को अपना रिज़्क़[1] कहें
पानी पे अपना अजर[2] लिखें
आँखों की गन्दी बस्ती से बेहतर है इक पस्ती[3] भी
इंतिज़ार से ज़्यादा आँखें भौंकती रहती हैं
पत्थर को क्यों सूरत दें
ये आँसू मेरे अपने हैं...
बूढ़े पेड़ और बूढ़े मौसम पे, बूढ़ी कोयल कूकी
इंतिज़ार की कुटिया में बच्चे सच्चे होते हैं
मुफ़लिस[4] हाथों की बनिस्बत मुफ़लिस आँखों से डरना है

---

1. अन्न, खाना; 2. अच्छे काम का फल; 3. नीचाई, पतन; 4. दरिद्र

और सीने में इक तीर पड़ा है जिसका नाम है दिल...
हाँ तीर चला, पर किसी परिंदे की बीनाई[1] तेरे तीर से न रूठे
आ मैं तेरे आँचल में मिट्टी जितना ज़ब्त[2] बाँधूँ
और इंतिज़ार की धज्जियों से एक चादर सी डालूँ...

---

1. दृष्टि; 2. धैर्य

ख़ाली आँखों का मकान

ख़ाली आँखों का मकान महँगा है
मुझे मिट्टी की लकीर बन जाने दो
ख़ुदा बहुत से इन्सान बनाना भूल गया है
मेरी सुनसान आँखों में आहट रहने दो
आग का ज़ायक़ा चराग़ है
और नींद का ज़ायक़ा इन्सान
मुझे पत्थरों जितना कस दो
कि मेरी बे-ज़बानी मशहूर न हो
मैं ख़ुदा की ज़बान मुँह में रखे
कभी फूल बन जाती हूँ और कभी काँटा
ज़ंजीरों को रिहाई दो
कि इन्सान उन से ज़्यादा क़ैद है
मुझे तन्हा मरना है
सो, ये आँखें ये दिल
किसी ख़ाली इन्सान को दे देना।

पस्तियाँ

ए पस्तियो! क्यों मेरे दिल में आन धड़कती हो
मेरे दिल में आँधियों के दिल टूटते हैं
या अल्लाह क्या तूने मुझे तराश कर अच्छा किया
कि जज़्बों की दुकान पर मेरी सच्चाइयों पे गाहक लग जाता है
तो मैं अपनी तारीकियों से घुटने लगती हूँ
पस्तियाँ मेरी पोरों में रहने लगती हैं
मेरे दुख से मेरा ख़ुदा तारीक[1] रहने लगा है
नेकियों में मेरी आँखें खो गई हैं
ख़ुदाया मेरे दिल के कशकोल[2] को भीख दे
मेरा नाम तूने मौत रखा, और अपने सिले में अज्र[3] रखे
मैं अपनी चिताओं में जल रही हूँ
कि आग के रक़्स[4] में कहीं मेरा बदन खो गया है
पस्तियों के धागे से हया[5] का चाक सीती हूँ
मेरी सच्चाइयों से लहू रिसता है
मेरे बदन की बंजर खेतियों पे पस्तियाँ रहती हैं
और मैं अपनी आवाज़ के साथ-साथ पस्तियों में उतर रही हूँ
लेकिन ख़ुदा पस्तियों की तरफ़ कब देखता है
इन्सान तौबा[6] के संग-रेज़ों[7] में दफ़्न हो रहा है

---

1. अंधकारमय, मलिन; 2. भीख का प्याला; 3. इनाम, अच्छे कामों का बदला; 4. नृत्य; 5. शर्म; 6. ख़ुदा से माफ़ी माँगना; 7. पत्थरों के टुकड़े

ख़ुदा मेरे दिल में कैसे रहता
कि ख़ुदा कभी पस्तियों में नहीं उतरा...
जब से मेरी आवाज़ पस्तियों में मरी है
मेरा लिबास अँधेरों से रँग दिया गया है
फूलों की चुग़लियों से तितलियों के रंग खो जाते हैं
जब भी किसी तन्हा ज़मीन पे लगी आग देखती हूँ
मेरी आँखों से चिता भरी आवाज़ें आने लगती हैं
चराग़ अपनी पस्तियों तक पहुँचे तो सुबह भी दाग़ी होती है
जब भी काँटों की ज़बान मुझ तक पहुँची
मेरी पस्तियाँ कभी नहीं हँसीं
जब भी मैं अपने मन में उतरती हूँ
पस्तियों के सूरज लेकर तुलू[1] हो जाती हूँ...
ज़मीन, धूप, मैं और पस्तियाँ
कभी-कभी एक ही रंग से अपनी प्यास बुझाती थीं
मिट्टी के कटोरे में मेरी प्यास का बदन रहता है
तौबा की पस्तियों में मैं कभी-कभी उतरती थी
मेरी प्यास मेरे पास रह जाती थी
और सूरज की प्यास बुझ जाती थी
ख़ुदा ने मेरे बदन में पस्तियाँ छुपा दी थीं
और मैं अपनी पस्तियाँ ढूँढ़ रही थी
इन्सान पे जब भी पस्तियाँ उतरीं
इन्सानी ख़ौफ़ में ख़ुदा धड़कने लगा
पस्तियों में इन्सानी शबीहें[2] रहने लगीं
और मैं अपने जज़्बों को रँगती हुई
पस्तियों की दीवारों पे नक़्श हो गई
अजनबी आवाज़ों से मेरी पस्तियों का रंग उड़ने लगा
तो ज़मीर[3] से मैंने नजात[4] पाई

---

1. उगना; 2. मूर्ति; 3. अंतरात्मा; 4. छुटकारा

रस्सी को अपनी आवाज़ में जलने दिया
बुतों की आवाज़ से पत्थर गिरने लगे
तो कई बुत पस्तियों में मर गए
पस्तियों का रूप जब दुल्हन बना

ज़मीर एक कोढ़

दो आँखों की एक ही बीनाई[1] थी, ख़ता कैसे न होती
ख़ौफ़ मेरे घर क़दम-क़दम चल रहा है और ख़ामोशी ने भी
उसके साथ क़दम मिला रखे हैं
कोढ़-भरी आँखों से लोग मुझे देखते हैं और मैं दुखने लगती हूँ
मेरे दिल से कोढ़ रिसने लगता है तो मैं नींद को जगाने लगती हूँ
मेरी नेकियों में ख़ुदा धड़कता है सो मेरी रूह भी ख़ालिस[2] नहीं
इन्सानी लम्स[3] को ख़ुदा ने कई रंग दे रखे हैं
और वो एतबार का सफ़ेद धागा बीनाई में शामिल करता है
आँसू सफ़ेद फूलों को दाग़ी कर देंगे—तुम मत रोना...
पस्तियाँ मर चुकीं अब हम चुप रहेंगे ताकि फ़रिश्तों के साये से दूर रह सकें
ज़मीर की लाठी से इन्सान को धकेलना कहाँ की ख़ुदाई है
ऐ रब!
आँखों में दो रंग रख के तूने अच्छा नहीं किया
और माँगता है हमसे सीधी राह...
आख़िरत[4] की पगडंडी पे चलते चलते
इन्सानी चराग़ बुझ भी गया और ख़ुदा सो भी न सका
हम इन्सान एक महँगी दुकान थे सौ बुराई की पुड़ियाँ भी
हमीं को फ़रोख़्त करनी पड़ती थीं
मैं ख़ुदा के ज़मीर में रहने लगी तो आँखों से गिर पड़ी
कि मेरे ज़मीर में रोज़ एक रात मर जाती थी

---

1. दृष्टि; 2. विशुद्ध; 3. स्पर्श; 4. परलोक

ख़ौफ़ में अँटी जूतियाँ मुझे हैरत की कोई भी कमान न तोड़ने देतीं
मैं लहू को सह रही थी और मेरे जज़्बों को कोई और सह रहा था
नींद से लोगों की आँखें सियाह हो चुकी थीं
और मैं अँधेरे को तौल रही थी...
मैं जानती थी कि मेरा लिबास इन्सान से ज़्यादा चुप है
बीनाई को मैं गदागरी[1] से ज़्यादा न जान सकी
कि मेरे दिल के कशकोल[2] में कुत्ता भी
भौंक कर अपनी ख़ैरात पूरी कर जाता था
मैंने हँसी और आँसुओं के कंकर जमा किए तो ज़मीन
तक़सीम हो के रह गई
मर्द ने औरत को क़ब्र का आँचल समझ रखा है
हालाँकि मर्द को औरत ही जमा करती है...
माज़ी के कीचड़ से आवाज़ें आ रही हैं और मैं अपने लहू में
डूबती जा रही हूँ
मैं अपने हाथों में दबकर रह गई हूँ
साँप रोज़ अपनी बिल में से निकल कर मेरी आवाज़ कतरता है
मैं एक ज़ंजीर हूँ, कड़ियों की दस्तरस[3] से बाहर नहीं आ सकती
मुझे इन्सानी कोढ़ हो गया है
अब मेरे जज़्बे ज़मीर के बेगार कैम्प में रहते हैं
लहू का रंग एक नहीं, कि बीनाई के कई रंग हैं
और ज़मीन हमेशा फ़ासलों में रहती है... क़दम इन्सान के साथ!
रात का रिज़्क़[4] नींद भरी रोटी है
तो मेरी भूख पे इन्सानी अज्र[5] लिख दे!
प्यासी आवाज़ों को मैं कुएँ में फेंकती जा रही हूँ
और लिबास की ख़ाक हथेली पे रख ली है
रूह की आग से मैंने इन्सानी चराग़ जलाए
और स्याह आवाज़ें मुझे डसती रहीं...

---

1. भीख माँगना; 2. भीख का प्याला; 3. पहुँच; 4. भोजन, अन्न; 5. इनाम, फल

मुजरा

दिल का मुजरा सुनो और आवाज़ों के तमाम सिक्के
पाज़ेब की रूह से दूर फेंक दो
रास्तों को क़ैद कर दो और सूलियों को सोचने दो
और दिल का मुजरा सुनो!
फूलों को अपने पूरे लहू से हँस लेने दो
और फूलों का मुजरा सुनो!
सूखी रोटी की आवाज़ कहीं से आ रही है
मुझे थोड़े से भूखे रंग दो
और ज़ंजीर के मुजरे की कड़ियाँ खोल दो।

ज़िद की टाकियाँ

रात जब मेरी आँखों पे उतारी गई
ख़ुदा देख रही थी
और आँखें चुरा रही थी
ज़िद की टाकियाँ अपने लिबास से चुन रही थी
तौबा पढ़ रही थी
और तलवार का ज़ख़्म धो रही थी...
मैं फिर क़ैद कर दी गई थी
और अपने जहल[1] से तंग थी
और परवाज़ों का मुझे दुख था
ज़मीन मुझे रट चुकी थी
और आसमान अपना बयान सुना चुका था...
चाँद मेरे दिल में ही टूटा था
और ख़ुदा रोज़ मेरे दिल में आन धड़कता है
सूरज रोज़ आसमान पर बिखर जाता है।

---

1. अनभिज्ञता, जहालत, अज्ञानता

ज़िल्लत के गिरे दाम तले

ज़िल्लत[1] के गिरे दामों से उसने अपने आप को चुना
और फिर काग़ज़ की तरह देखने लगी...
उसने अपने दिल के लहू में सुर्ख़ फूल तैरने के लिए छोड़ दिया
वो फूल के दुख में महकने लगी
और अँधेरे अपनी आँखों में जमा करती रही
और वो मुफ़लिस[2] यूँ थी कि ज़िल्लत कहीं बिकती न थी
मुर्दा आँखों वाले उसकी बीनाई से हामिला कैसे होते
कि उसकी ज़िल्लत अभी कुँवारी थी
उसकी चूड़ियाँ जब भी हँसती थीं, वो टूट जाती थीं
वो जब भी शाख़ की तरह झुकती उसका एक फूल टूट जाता
वो अपने ज़हर में बुझी एक बाँसुरी है
वो क़दम-क़दम लहद-लहद[3] उतरती है
और रोज़ क़ब्र की गवाही देती है, काग़ज़ चुनती है
वो अपने जिस्म के तने से अपने गिरे पत्ते उठाती है
और रोज़ अपनी बंद मुट्ठी में सिसक के रह जाती है
वो सोचती है!
काश इन्सान होने से बेहतर तो वो गंदुम का एक पेड़ होती
फिर कोई परिंदा चहचहाता तो वो अपने मौसम देखती
लेकिन वो मिट्टी है, सिर्फ़ मिट्टी
वो अपने बदन से रोज़ खिलौने बनाती है

---

1. पतन, तिरस्कार; 2. दरिद्र; 3. क़ब्र

और खिलौने से ज़्यादा टूट जाती है
वो कुँवारी है लेकिन ज़िल्लत का लगान सहती है
वो हमारी है!
लेकिन हम भी उसे अपनी दीवारों में चुन रखते हैं
कि हमारे घर ईंटों से भी छोटे हैं।

जेल

मैं ज़्यादा-तर नंगी रह जाती हूँ
और लोग अपनी-अपनी सज़ा को
पहुँच जाते हैं
लेकिन मैं उनको रिहा नहीं करूँगी
मैं ख़ुद बदन की जेल काट रही हूँ।

भूख है कशकोल

दुखों में अँटी ज़मीन पर छाँव नाम को न थी
और मुझे अपने साये से सख़्त नफ़रत थी
ख़ुदा ने मेरी दुआ में अज़ाब रखा
तो शैतान ने मेरा नाम ग़ज़ब रखा
वो लोग क़ाबिल-ए-एहतिराम हुए जो गुनाह से भी छोटे थे
मैं मिट्टी पे थूक फेंकूँ तो मेरी ज़बान जल जाए
लेकिन मेरे रब के तुफ़ैल ऐसा ही हुआ
मेरे मुक़द्दर के कशकोल में मिट्टी थूकती
और मैं सिक्के गिनती-गिनती कशकोल से भी गिर गई
भूख ने बहुत नाटक खेले
और मैं इंसानी कटहरे में उतर आई
फ़रिश्तों ने अपनी भूख चबाई
और इन्सान की ताक पे नज़र रखी
मैं जो शरीफ़ आँखों की मालिक थी
और शैतान की भूख देख रही थी
कि आग की भूख तड़तड़ लकड़ियाँ चबाने लगी
मेरे घर में मजबूरी के क़ुफ़्ल[1] लग गए
फिर इन्सान मेरे घर कभी नहीं आया
साये के साथ मैं चराग़ रखती
और अपनी चिता के लिए यूँ चराग़ ढूँढ़ती

---

1. ताले

जैसे मन तन्हाई की बीन सुन ले
मेरी आग मुझे ताप रही है
मेरी हाँ सपेरों में बस रही है
मैं क़दम-क़दम पर घट रही हूँ।

मैं कौन थी

मैं कौन थी
ग़लीज़[1] आँखों और मकरूह[2] हँसी वाली
झूठी नींद वाली
मुस्कराहट को टाँके लगाने वाली
ज़ेर-ए-नाफ़[3] रहने वाली
और ज़ेर-ए-नाफ़ बच्चे का चेहरा देखने वाली
मैं कौन थी
तुम कौन थे
शायद कोई तीसरा हमें जान रहा हो
नहीं नहीं, मैं कौन नहीं थी
नहीं नहीं, तुम कौन नहीं थे
फिर वो दोनों कौन थे
वो कोई अपने बदन से भागे हुए
मिट्टी के खिलौने थे
जिन्हें ज़मीन बनना पसंद नहीं था
वो चोर और चोरनी की तलाश में थे
कि खिलौनों की तरह टूटने लगे
और लफ़्ज़ों का जोड़-तोड़ न हो सका
कि वो दोनों इतने बच्चे थे
कि लफ़्ज़ उन्हें सीख नहीं सकते थे।

---

1. गन्दी; 2. घृणित; 3. नाभि से नीचे

दरवाज़े या ताबूत

मेरे लहू से उदास आवाज़ आती हैं
ये है ज़िन्दगी
जिस को ख़ुदा फ़ानी[1] कहता है
दिलासे की सबील[2] पर बार-बार
पानी पीने जाती हूँ
दुश्मनों ने तंग-नज़री से काम लिया
मुझे तन्हा छोड़ गए
क्या ज़िन्दगी है
मुफ़लिसी का साँप दूध पीने भी नहीं आता
वरना 'सारा' तो मिट्टी में बसी होती
तन्हाई के समुंदर में
कश्तियाँ डूब गई हैं
कोई रात सूरज नहीं थामती
तौबा मेरी क़ातिल है
जी चाहता है उतर जाऊँ ख़ंजर में।

---

1. नश्वर; 2. प्याऊ

पेड़ जो बंद आँखों से बनाया गया

वो रत्ती-रत्ती कंगन बनी
और फिर चोरी हो गई
उसने उसके लहू से झंडियाँ बनाईं
और उसे उसके मुल्क बताए
मौत से ज़्यादा इन्सान को दुख प्यारे होते हैं
नीयत रूठी हुई है, कहाँ तक इन्सान को पैवंद करूँ
ख़ुदा सोचने लगा!
किसी ने अपने कफ़न से गुनाह चोरी किए
दिल क़दमों से निकला जा रहा था
जाने वाला आवाज़ छोड़ गया
मुझे इंतिज़ार रहेगा ख़्वाह वक़्त नीला ही रहे
परिंदों की छाँव पेड़ों में है
मेरी आँखों में दिल मर गया है
फूल साये के क़दम गिनता रहा

तुम कौन हुए!

उसने रात जितना साँस लिया और मर्द जितना दर को देखने लगी
दर से तारीक आवाज़ें आ रही थीं और उसकी ज़बान
काली पड़ती जा रही थी
उसने डरा हुआ दुपट्टा उतारा
और काली मख़मली आँखों पे आँखों समेत चलने लगी!
वो कोढ़ से ज़्यादा जब कुढ़ने लगी
तो एक घर धम्म से उसके सामने गिरा और
अपनी कहानी सुनाने लगा
कहानी सुनाने वाली की ज़बान काली थी...
वो कहने लगी!
मैं घर में सब से ज़्यादा लम्बी थी,
सो दर-बदर भी जल्दी कर दी गई...

यह मेरा पहला घर था
पानी तो तीन वक़्त मिल ही जाता था

जूठा पानी-अधूरे बच्चे

पानियों की कान से तुम ने जूठा पानी माँगा था
और जूठी चादर में अपना शिकार किया था
और जूठे पानियों से अपना कटोरा बनाया था...
सो फ़ैसला ज़मीन से पहले हो चुका था!
और कम-कम औरत ने देखा, यह भी है!!
जानती थी इस सवाब में भी ख़ुदा है

औरत जब अपनी कोख में मरती है
तो तुम्हारे पास इतने कांधे नहीं
कि उसे मिट्टी तक ले जाओ...
मिट्टी की मज़दूरी में अनजाने क़दम भी होते हैं
जिन्हें कोख दुहराती है
मिट्टी अपने साहिल पे कई रंग रखती है
कहीं से पूरी
कहीं से अधूरी
कौन आया है
अधूरे बच्चे की मय्यत तक लज़्ज़त की चादर लिये
अपने आज़ा[1], थूकता हुआ
मरने वालों से मज़दूरी माँगना
उनकी कोख मिट्टी से भी गहरी होती है

---

1. शरीर के अंग

बच्चे का फ़ाक़ा क़बूल करने वाली
आँख से ज़्यादा सच्ची
और नहर से ज़्यादा प्यासी है...
जूठा पानी किस की प्यास है
पूरी माँ के अधूरे की या जहाँ औरत क़ैद है

बंजर ज़मीनों पर घर बनाए जा सकते हैं
अगर मिट्टी रिज़्क़ का वादा करे...
एक चादर तुम्हें कितने बदन दे
तुमने मेरी भूख कैश की है
तुमने मेरी क़ैद पर क़हक़हा लगाया
और मुझे अपने तस्मों से भी ज़्यादा कस दिया
जिस्म पर पड़े हुए नील और टूटी उँगली से कुछ न कुछ तो लिख दूँगी
तुम मेरे कुत्ते की जंजीर नहीं ख़रीद सकते
पहले शायर का मज़हब और उससे पहले शायर का मज़हब
तेरा ज़ायका बन गया
सो मुझे सूखे टुकड़ों में भी ख़सम न मिला
सदियों तक मेरा अधूरा बच्चा कोई नहीं ढूँढ़ सकता...
रहम[1] और गंदुम से अँटी औरत
अब मेरे फ़ुटपाथ से गुज़रेगी
अपने सीने से गंदुम हटा दो
और उनकी सबीलों[2] पर रहम का चंदा मत दो
ताकि ग़ैरत के ये पेड़ हमारे दिनों से हमें झुठला न सकें
हमारे ख़मीर में बहुत नमक है
सो हमारी भूख, हमारी आँख, हमारी क़ैद
नहाए धोए घोड़े से मुकालमा[3] कर सकती है...
आज मैदानों में रोटी तक़सीम होती है
लेकिन मेरी कोई औरत सिर्फ़ शिकम[4] तक नहीं है...

---

1. गर्भाशय; 2. प्याऊ; 3. संवाद; 4. आमाशय

सातवें आसमान की बातें

सातवें आसमान की बातें मशहूर क्यों हैं
मुझे बता दो!
तुम्हें क़सम है दूसरी दुनिया की, या अपनी दुनिया की
हमसायों की दीवार से दो ईंटें निकालीं
बेपर्दा कौन हुआ!
तुम्हारे जूते पहन कर कहीं दूर निकल जाऊँगी
अपनी चादर से भी दूर और अपने तकिए से भी दूर
इज़्ज़त! क्या बात करते हो
इज़्ज़त इज़ारबंद[1] की पाबंद नहीं
इज़्ज़त तो नाख़ूनों में फँसी हुई है
गंदगी का सैलाब हमारे सरों से ऊँचा हो जाएगा
जब भेड़ों के घर परिंदे
परिंदों के घर भेड़ें पैदा होने लगेंगी
सच कहा था पैदा होने वाले ने
कि इस पेड़ के साये में अजायबघर है
जहाँ लोग बड़ी-बड़ी दास्तानें सुनाते हैं
रोते हैं, बस रोते हैं
सब अपने क़लम के लिए रोशनाई माँगते हैं
उन किताबों से जिनके वरक़ भी पढ़े नहीं गए
तेज़ चलाओ रिक्शा, देखते नहीं

---

1. कमरबंद, नाड़ा

हर सिग्नल पर मैं क़ैद हो जाती हूँ
इस सड़क पर मैं कितनी बार क़ैद हुई और कितनी बार रिहा
हम सर पर कफ़न बाँध कर पैदा हुए हैं, कोई अँगूठी पहन कर नहीं
जिसे तुम चोरी कर लोगे

आने दो जाने दो छूट जाएँगे दुश्मन
मेरा दिल शाम में तुम्हारा मद्दाह[1] हुआ
मैं तो सादगी में पैवंद लगा नहीं सकती
दिल मेरा बादल नहीं आसमान है
आँख समुंदर, ज़बान जंगल
नीयत पलक झपक रही है
प्यासी ख़्वाहिश दुपट्टा ओढ़े जा रही है
बाहर निकालो कुत्ते को, टूट गए बर्तन
दुनियावी हक़ीक़तें आज पैदल हैं
वो, वही वो
जिसे मैंने अभी तक नहीं पाया

---

1. प्रशंसक

मलामत

मैं नींद में आँखें रखती हूँ तो और जाग जाती हूँ
रात पूरे लिबास में है
मैं अपना अक्स दुहराती हूँ
शायद उसकी घड़ी में एक का वक़्त हो गया हो
मैं सेकेंड-सेकेंड चलते मलामती[1] हुई
और सिग्नल की क़ैद में आग
आज़ादी का अलम सीना[2] पीटने तक है

---

1. शापित; 2. झण्डा

लफ़्ज़ की बैसाखी

घुंघरू अपनी आवाज़ में बैन[1] कर रहे थे
एक कोने में बूढ़ी औरत अपने बोसीदा[2] दाँतों से हँस रही थी
जैसे यह हँसी उसकी तमाम ज़िन्दगी की कमाई हो
दरवाज़ा जिससे अनगिनत क़दम लिपटे हुए थे
और चादर जो न जवान थी और न बूढ़ी थी
क़साई आँखों वाले अपने इरादे उलट-पुलट रहे थे
वो अपने दोस्तों के साथ बैठा था और उसकी आँखें सिसक रही थीं
उसे ऐसे लग रहा था जैसे घुँघरू बहुत दुखी होते हैं
औरत पाताल तक नाच रही थी और हर ताल पर मर रही थी
उसे ऐसे लगा यह मौत से ज़रा सी पहले की ज़िन्दगी हो
हँसी मौत की हँसी
औरत, चवन्नी अठन्नी से जड़ी हुई औरत ने उसकी तरफ़ देखा
वो आँखें मरियम की आँखें थीं, उसे तो ऐसा ही लगा था
वो बार-बार उसके पास आती
शायद इन्सान यहाँ हो!
फिर अपने लौटते क़दमों पे लौट जाती
वो नाचती रही और आँखें गिरती रहीं
रात अपने बटन तोड़ रही थी
और सूरज चोरी होता जा रहा था
वक़्त अपना फन काढ़े अजनबी के पास आया

---

1. विलाप; 2. जीर्ण

तुम!
कौन हो तुम, औरत ने पूछा मेरे सिक्के नहीं बढ़ाओगे
चादर की उम्र नहीं बढ़ाओगे
मेरी चीख़ें नहीं सुनोगे
नहीं बहन!
बहन के लफ़्ज़ पर वो रो पड़ी,
जैसे कोई साँप किसी को डसते-डसते छोड़ दे
वो सीढ़ियों में खड़े थे
और सोच रहे थे कोई चाप हमें न डसे
यह कौन सा डर था
जहाँ औरत बाज़ लफ़्ज़ों से बिछड़ चुकी थी
जभी तो रोई थी
लफ़्ज़ जब किसी से बिछड़ता है
कितना याद आता है
ये दोनों कौन थे
मेरा ख़याल है इंसान से अफ़ज़ल[1] थे
और पहले जहन्नम में मिट्टी के खिलौने बनाया करते थे
और वो औरत बचपन से ज़िद्दी थी, लेकिन मुहब्बत का
एक भी खिलौना उसके पास नहीं था।
आज वो अपने मास से आजिज़[2] थी
और रोटी से ज़्यादा सस्ती थी
उसे सूरज ने रँगा होता तो वो ऐसी न होती
बल्कि वो ऐसी नहीं थी, वो तो सिर्फ़ बहन थी
लेकिन वक़्त के पंजों ने उसे खुरच डाला था
अजनबी!
उसको दिलासा देने लगा वो रोती रही
तुम मुझे नहीं लूटोगे, मेरे दुपट्टे पर बहन काढ़ दोगे
और मुझे यूँ ही बे-लफ़्ज़ छोड़ जाओगे

---

1. श्रेष्ठ; 2. मजबूर

घुँघरू की ताल जब और गहरी हुई
उन्होंने अपनी-अपनी सम्त[1] सोची
और दोनों हँस दिए
वो कौन-सी दुनिया में पहुँच गए थे
और अजनबी, घुँघरू का बैन अपने सीने में रखे
सीढ़ियों से उतर गया।

1. दिशा

पिछले पहर

तारीकी जो मेरी आँखों से गिर रही थी
और ज़िन्दगी जो मेरे लिबास से उड़ चुकी थी
और आग का बदन जो कूड़े की उठान से उठ रहा था
और मेरी नींद जो किसी की आँखों में गिर पड़ी थी
और वक़्त इन्तिज़ार की रस्सियाँ कतर रहा था
मैं घर में मर रही थी और घर मुझ में मर रहा था
मैं अपने हर जब्र की साथी थी लेकिन इन्तिज़ार से ज़्यादा शोर मचाती थी
ज़मीर के जूते बहुत शोर मचाते थे
तो मैं अपने दर से मीख़ों[1] को निकालने लगी थी...
चाहतों की सूलियों पे मेरा दिल लगान था
और रात मेरे दिल में मर गई थी!
मेरे लिबास पे धज्जियाँ हँसती थीं...
और दुश्मन के साये पे दुश्मन के क़दम रुकते थे!
ख़ुदा वक़्त हो के रह गया था
दुआओं का अज़ाब मुझ पे लाज़िम था
और रहम[2] ख़ुदा का घर था
मलामत[3] अपने हिज्र में मेरी क़ासिद[4] थी!

---

1. कील; 2. गर्भाशय, दया; 3. धिक्कार; 4. सन्देश-वाहक

नंगे पैर

आँख!
तेरे बादबान
कोरे लट्ठे के बने हुए हैं
मिट्टी इन्सान को दफ़्न भी करती है
और भूख भी देती है
राख से बर्तन जला रही हूँ
कि जलाने को कुछ नहीं
वो नींद को अधूरा छोड़ गए
बर्फ़ मुजस्समे[1] ने सुना
और किसी चश्मे में बहते हुए जा बसा
चट्टान का पत्थर
दिल समुंदर में गिरा
"उसने शुआएँ[2] जिस्म के गिर्द लपेट रखी थीं
सूरज आसमान के साथ लटका हुआ था।"

---

1. मूर्ति; 2. किरणें

बेटे!

बेटे, ज़िन्दगी की दुआ न दे बेटे
पेड़ों की छाँव ज़ख़्मी हो गई है बेटे
मेरे पास एक ख़ूबसूरत दिल है
और दो गुनाहगार आँखें हैं
ज़िन्दगी में न सूरज को कभी आबाद होते हुए देखा है
और ना चाँद को आबाद होते हुए देखा है
मैंने जो सच बोले थे
वो मेरी आँखों की दलदल से धँस चुके हैं
जहाँ जाती हूँ लोगों की ज़बान नापाक हो जाती है
मैं अपनी माँ के सब्र-ए-जहल[1] से पैदा हुई
और फिर अपने जहल की झोंपड़ी से निकली तो नंगी हुई
फूल खिलने तक भूख लग जाती
और रोटी जो अस्ल में मक्र[2] थी
मेरा मक्र हो गई
वक़्त के डँसे हुए हाथों से
इन्सान को लगी हुई भूख ने अपने लहू से आटा गूँधा—
और बेशर्म हो गई
बेटे!
अगर एक हाथ में पौदा उगाती हूँ तो दूसरे हाथ में भूख उग आती है
ज़िन्दगी में बहुत से लोग मुझ से छाँव माँगने आए

---

1. अज्ञानता पर संतोष; 2. धोखा, फ़रेब

लेकिन रोज़-ए-अव्वल से सूरज मिट्टी से नफ़रत करता था
और मिट्टी की ज़बान मेरे क़द से ज़्यादा दराज़[1] थी
बेटे!
फिर मेरे पिस्तानों से ज़हरीला दूध फूट पड़ा और
मेरे तमाम बेटे हव्वा से पहले मर गए
बहते पानियों के दुपट्टे मिट्टी में मरने लगे
बेटे!
भूख से पहले आग रोटी को चखती
और फिर एक दिन आग के जूठ से
इंसानों की आँखों में कान[2] रहने लगी
चीज़ें सच्ची न रहने लगीं
फिर बेटा!
माओं की तक़दीर आँखों से लिखी जाने लगी
और दिलों से कोरे काग़ज़ गिरने लगे
और एक दिन ईंटें भी इन्सान से रूठ गईं
फिर जंगल की छाँव-भरी गोद लुट गई
ठोकरें, क़दम से पहले बाज़ी जीत जाती हैं
रात की चादर से रोज़ मेरा हाथ मैला होता है
मैंने ख़ामोशी के टुकड़े कर दिए तो रहूँगी कहाँ?

---

1. लम्बी; 2. टेढ़

गवाची लकीर

सारी चीज़ें खो गई हैं
आसमान के पास भी काँटा तक नहीं रहा
जभी तो मिट्टी में बोलने वाले बोलते नहीं
गूँज भी गूँगी हो गई है
रब भी नहीं बोलता
सारी चीज़ें खो गई हैं
मेरे बर्तन
मेरी हँसी
मेरे आँसू
मेरे मक्र
सारी चीज़ें ख़ाली हैं और खो गई हैं
बच्चों के खिलौने
और मेरे श्टापू का कोयला वक़्त लकीर गया है
आँखों में कोई शक्ल नहीं रह गई
सारी चीज़ें खो गई हैं
मेरे चेहरे
मेरे रंग
मेरे इन्साफ़
जाने कहाँ खो गए हैं
दिल का चेहरा आँख हुआ जाता है

मज़ाक़ पुराने हो गए हैं

हँसी चारपाई कस रही है
चाँद की रूनुमाई[1] के लिए सूरज आया है
तो आसमान खो गया है
सुलूक भी खो गए हैं
वो भी कभी नहीं आए
जिनके लिए आँखें रखी थीं
और दिल ख़त्म किए थे
आँखों को रसूल कहा था
और दिल को रब कहा था
सारी चीज़ें खो गई हैं

---

1. मुँह दिखाई

इज़ारबंद

जिधर जाती हूँ चाँद में कीड़े पड़ जाते हैं
और लोग मुझे गिनने लगते हैं
तो मेरा क़ुसूर उनकी माँ का क़ुसूर बन जाता है
मैं सूरज को जन्म देना चाहती हूँ
तो लोग मेरे इज़ारबंद[1] की तरह छोटे हो जाते हैं
मैं मरना चाहती हूँ
तो मेरी क़ब्र ज़ेर-ए-नाफ़[2] रँगते हैं
मर्द आँखों को इजाज़त है
कि बदन से मुख़बिरी करें
पर मेरी आँखों में आग लगी हुई है
यह आग कुछ राज़ रखना चाहती है
वो रांज़ मेरे मर्द से भी बड़ा है
सूरज आख़िरी साँस ले भी चुका
लय पत्थर हुई
तसव्वुर[3] की आख़िरी पनाह पर आँख बंद कर लेती हूँ
तो लोग मेरे आज़ा[4] में नाचते हैं
मैं किसी भी शादी से आज़ाद हूँ
कि हमेशा मेरे मर्द का साया नहीं होता

1. नाड़ा, कमरबंद; 2. नाभि के नीचे; 3. कल्पना; 4. शरीर के अंग

शायद मिट्टी मुझे फिर पुकारे

सुन!
दरिया अपनी मुट्ठी खोल रहा है
सुन!
कुछ पत्ते और पत्तों के साथ कुछ हवा उखड़ गई है
जंगल के पेड़ इरादे
ज़मीन को बोसा दे रहे हैं
चाहते हैं, दरिया को मुट्ठी का जाल लगायें!
आँखें मंज़र तह करती जा रही हैं
समुंदर मिट्टी को चौकोर नहीं कर पा रहे
सुन!
गली लय पे फुनकार रही है
इसमें जले हुए कपड़े फेंक
ज़ीने गलियों में धुने जा रहे हैं
जिस्मों से आँखें बाँध दी गई हैं
बहते सितारे तुझे अक्स कर रहे हैं
तेरे पास कोई चेहरा नहीं
बता!
जंगल से लौटने वालों के पास
मेरे लफ़्ज़ थे या मूरत
कई जन्म बाद बात दुहराई है

मेरी बात में जाग मत लगा, मेरी बात बता
बता!
बोझल साये पे कितना वज़्न रखा गया था
सुन!
मौत की चादर तुम्हारी आँखें नापना चाहती है
कंचे इस चादर को छेद-छेद कर देंगे
चादर मैं पहले ही सी कर लाई थी
क्या पैमाना ज़ंग-आलूद[1] था?
यह चादर तुम्हें मिट्टी से दूर रखेगी
ऐसी हद? ऐसी हद से मेरा वजूद इनकार करता है
तुम्हारा वजूद तो परिन्दे रट चुके
तुम्हारी ज़बान कहीं तुम्हारी मुहताज तो नहीं!

मेरे आज़ा पर एतबार कर
मैं हैरतों का इनकार हूँ
मुख़्तलिफ़ रंग के चराग़
और पानियों की ज़बानें
आदमी इन्सान होने चला था कि कुआँ सूख गया
क्या आदमी ने कुएँ में नफ़रत फेंक दी थी?
नहीं!
वो सदा[2] गुम्बद को तोड़ती हुई
थोड़ा-सा आसमान भी तोड़ लाई थी
चादर और आवाज़ को तह करके रख दो
लौटने तक, मेरी आवाज़ धरती पे गूँजती रहे
जैसे-जैसे तुम जागोगे
ख़त्म होते जाओगे
तुम दो आँखें रखना, मगर फ़ासले को बेदार[3] मत करना
आँखों की टिक-टिक सारा जंगल जनता है
तुम ख़ामोश रहना

1. ज़ंग लगा हुआ; 2. आवाज़, स्वर; 3. जागा हुआ

और हाँ, ज़बान का इल्म अपने साथ लेते जाओ
तुम पेड़ों और चिड़ियों की गुफ़्तगू सुनना
आबशारों[1] के वार सहना
मैं यह टुकड़ा आसमान का रँगने जा रही हूँ

रुख़सत हो रही हो?
आने का वादा है

वादे की चौखट घड़ियाँ जोड़-जोड़ कर बनाई गई है
वादे को खड़ाऊँ मत पहनाओ!
चाप का इक़रार देख, मेरे क़दम की रखवाली करती है
मैं अपने चराग़ की लौ से
तुम्हारी झोंपड़ी बाँधे जाती हूँ
लौ और झोंपड़ी जिस वक़्त अपना-अपना दम तोड़ दें
तो समझ लेना
मैं कोई ज़िन्दा नहीं रहूँगी
दिया तारीकियों को चौकन्ना रखेगा
साँस तप चुके
और मिट्टी मुझे बुला रही है
अच्छा, चराग़ और चादर को बाँध दो
हैरत है!
तुम हक़ीक़त की तीसरी शक्ल नहीं देखना चाहते
आग को कूज़े में बंद कर दो
और
यह रहा चराग़, और चादर
यह तो राख है?
"यह राख नहीं, मेरे सफ़र की गवाही है।"

1. झरना

ऐ मेरे ख़ुदा

मैं टूटे चाँद को सुबह तक गँवा बैठी हूँ
इस रात का कोई काला फूल निकलेगा
मेरी नीयत की सूली सवाब[1] हुई
नीयत का लिबास इशारा हुआ
मैं अनगिनत आँखों से टूट गिरी हूँ
ऐ मेरे ख़ुदा
मैंने तेरी आँखें तराशी थीं
अपनी दुआ नहीं
मेरा लहू कंकर-कंकर हुआ, हाथ सन्नाटा हुए
मेरे पहले क़दम की ख़्वाहिश दूसरा क़दम नहीं
मेरे ख़ाक होने की ख़्वाहिश मिटी नहीं
ऐ मेरे ख़ुदा
मेरा दुख नींद नहीं
तेरा जाग जाना है
कौन मेरी ख़ामोशी पे बैन करता है
कौन मेरे सुख के कंकर चुनता है
"यह रोज़ कौन मर जाता है"
चराग़ का दुख दीवारें चुनें
सन्नाटों का दुख मेरा जीवन चुने
और दुख मेरी आँखें चुनें

---

1. पुण्य

जाग अपाहिज बच्चों के रब!!
कि मेरी आँखें जवान हुईं
मुर्दा दरियाओं में हाथ की लकीरें बह गईं
प्यास कोरी हुई
"नीयत की आस्तीन पे रात फुंकारती है"
और वक़्त की सलाख़ों पे इन्सानों के चराग़ जलाए जाते हैं
मैं अपने लहू से अपने जज़्बे चुनती
तो मेरे हाथ जल जाते...
वक़्त की अँगिया मेरे पिस्तानों को दूध पिलाने चली
इस भूख का मेरे बच्चों के साथ
इनकार देख!!

परिंदा कमरे में रह गया

रात ने जब घड़ियों से वक़्त उठा लिया
घंटी की तेज़ आवाज़ ने सारे पर्दों का रंग उड़ा दिया
कमरे में चार आदमियों ने अपनी-अपनी साँसें लीं
साँसें मुख़्तलिफ़ रंगों में थीं
एक आदमी पुराने कैलेंडर पर निशान लगा रहा था
दूसरा नया कैलेंडर हाथ में मरोड़ रहा था
तीसरे का चेहरा चौथे आदमी के चेहरे पर लग गया था
आदमी तीन थे!

ये तीन सम्तें[1] चौकोर कमरे के ख़ाली कोने को देख रही थीं
इन्हीं तीन सम्तों को कल सारा शहर बनना था
वो तीनों कमरे के तीनों कोनों में जाकर खड़े हो गए
और सोचने लगे
किस का कोना है जो ख़ाली रह गया है
अचानक पर्दा हिला
और एक परिंदा उस कोने में आकर बैठ गया
तीनों के मुँह से निकला 'मासूम'
उन्हें पता चला कि वो वक़्त की क़ैद में थे!
तीनों ने आग जलाई
और बोले

1. दिशाएँ

आग जलने तक ये सम्तें हमारी रहेंगी
"आग चौथे कोने में लगाई गई थी"
ज़िन्दगी के रुख़ बढ़ते जा रहे थे

सूरज ने चार किरनें कमरे के अन्दर फेंकीं
उन्होंने पाँच-पाँच गज़ का सुनहरीपन अपने गिर्द लपेटा
सूरज की तीन बाँहें टूट गईं
उन्होंने अपनी एक-एक उँगली काटी
और बोले!
"हम ने अपनी-अपनी उँगलियों से ज़िन्दगी का सुकूत[1] तोड़ा"

परिंदा कमरे में रह गया...

1. चुप्पी

क़ब्रिस्तान

क्या ख़ामोशी क़ब्रों का शक है?
नहीं मिट्टी की गोद क़ब्रों से और जन्म से पहले की बात है
क़ब्रिस्तान हामिला[1] हुए मौत से
ऐ मिट्टी माँ तू अपने बच्चों के
मुर्दा दिल क़बूल नहीं करती...
ऐ मिट्टी! ऐ मेरी मुर्दा माँ मिट्टी
तू कब तक अपने बच्चों को मुर्दा दूध पिलाती रहेगी
क़ब्र कत्बे[2] से ज़्यादा सच्ची है
और आँखें ज़हर से बड़ी होती हैं...
मेरे पास आँखों का शक है
और मिट्टी की कोख आँखों की कोख से बड़ी नहीं होती
मेरे दुख से मेरे कपड़े जल गए हैं
या अल्लाह, ऐ रब! मैं नंगी दुआएँ कहाँ रखूँ
मिट्टी से मेरे गुनाहों की बू आती है
क़ब्रों पर फैली छाँव ज़िन्दा है
और मौत से ज़्यादा हँस रही है।

---

1. गर्भवती; 2. समाधि-लेख

आग बरसाती बारिशें

तुम क्या सोचती हो!
आग में बुझा हुआ मौसम सोचती हूँ
बादलों से बारिश
और बारिश से ज़मीन तक उतरती हूँ
और सोचती हूँ
तन्हाई की आग कितनी चटख़ रही है
जैसे अकेला चाँद और अकेला सूरज
अकेली ज़मीन की रखवाली करता है
जिस कमरे के अन्दर मैंने सदियाँ गुज़ारी हैं
वो भी पराया है...
और आँखें कितनी पराई हैं
कि हर वक़्त मेरे दुख ढूँढ़ती रहती हैं
दिल सा ख़्वाब किस ने देखा है
मैं कभी झूठ नहीं बोल सकती
कि बारिश रँगी हुई नहीं होती।

हड्डियाँ चुनने आई

रात पूरे लिबास में है...
रात तो फिर मिलने के लिए बिछड़ जाएगी
लेकिन अपाहिज बच्चा कभी नहीं मिलेगा
छह मिनट की भूख आधे मिनट का इन्सान
वो सामने 'सारा' हरामज़ादी बिदक गई है
जैसे फिर कभी कोई चौराहा नहीं आना
मैं फ़ासलों का बैन[1] कैसे करती
गवाहियाँ थूक चुकी हूँ
आख़िरी पाई तक ठीक रहती हूँ फिर कुतिया कहलाने लगती हूँ
जज़्बों की परकार इन्सान पे ज़ाविए[2] बनाती है
मैं ख़ाली झूला इसलिए झूल रही हूँ
कि नेकियाँ मुझे रटाई गई थीं
मैं नेकियों की ज़बान बोलने लगी थी
जन्म के लिए मैंने नई आँख दरयाफ़्त की
वो भी अपाहिज निकली
जानती हूँ नमाज़ मुझे नहीं पढ़ेगी
क्या सुनूँ क्या सुनाऊँ
कहते हैं मिट्टी की माँ हो
"हालाँकि अपाहिज बच्चा तक मेरे पास नहीं"
कोई बुरा कह दे तो अचार तक भूल जाती हूँ

---

1. विलाप; 2. कोण

मैं अपनी सिगरेट की औक़ात अच्छी तरह जानती हूँ
मैं नफ़रत करती हूँ अपनी नीयत से, अपने जज़्बों से
जिन्होंने मेरे जिस्म-सी पिटारी में फुंकारना सीखा है
वो ज़िन्दगी क्या जो एक अपाहिज बच्चे को मुकम्मल न कर सके
उनके आज़ा[1] इतने उग चुके हैं
कि मेरी झोंपड़ी तक नहीं बन सकती
ख़ाली-ख़ाली दुआएँ माँगती हूँ
मेरी औक़ात के ढोंग देखो
वरक़[2] का फ़र्श धोने बैठ जाती हूँ
लिखने आई हूँ कि हड्डियाँ चुनने आई हूँ।

---

1. शरीर के अंग; 2. पृष्ठ

हवा चराग़ों से ज़िद करती है

ये आँखें हैं कि ज़ख़्म
यह सूरज है कि फँसी आवाज़
यह चाँद है कि दुख
यह मिट्टी है कि राज़
ये परिंदे हैं कि मौसम
ये क़दम हैं कि याद
चाँद बादलों के साथ लुक-छुप-जाना खेलता
हम डालियों की लचक
और अपने जिस्म की लचक की रवानी पहरों क़ायम रखते
पाँव दूसरे पेड़ों के साये को छू आते
हवा चराग़ों से ज़िद करती
और चराग़ ने तीलियों के इवज़ जन्म लिया है...
चीज़ों को उड़ाता सूरज
एक रोज़ अपने मिज़ाज की कमी में आया
हवाएँ सूरज को चाट जाती हैं
पहाड़ पे मेरा पंजा रह गया
चाल मेरी अटक गई
मैं सफ़ेद सूरज और सफ़ेद लिबास में जा रही थी
दरवाज़े को मैंने निगाह किया और दरवाज़े ने मुझे...
मुझ पे ख़ाक पड़ी
मैंने जूते फ़रोख़्त कर दिए
मेरे पाइँचे समुंदर में

मेरे दोस्त समुंदर! मेरे बटन तेरे सीने में कहीं दफ़्न हैं
मैंने पत्थर चुने और क्यारियों में भर दिए
मेरे आँगन के पौदे की क़मीज़ में किसी ने बटन टाँक दिए
पौदा बढ़ गया मेरी दीवार छोटी पड़ गई
जैसे आसमान का गुम्बद एक घर गिरा जाता है
मैंने हाथ की सिलवटें गिनीं
और अपना क़द चादर कर दिया
और हाथों में अँधेरा क़ैद कर लिया
जैसे वक़्त मेरे सरापे[1] को नई और पुरानी घड़ियों की सूइयों से सी दे
मेरे बटन!
पुरानी घड़ियों की सूइयों और चादर के तार से बटन लगा देती हूँ
तुम्हारा दूसरा सरापा!
मेरी माँ फ़ौत[2] हो चुकी है
तुम्हारी चादर के दो तार कम हो गए
मेरे तीन सरापे थे
यह चादर भी ले लो और पुरानी घड़ी की सूइयाँ भी
और घड़ी जो शायद दीवार हो चुकी थी।

1. सर से पाँव तक, पूरा व्यक्तित्व; 2. मृत

सौगंधी

मेरे जिस्म में तना हुआ
तुम्हारा जिस्म भी नहीं बताता
कि सौगंधी[1] कहाँ है
लोग गुनाहों पर भी झूठ बोलने लगे
आँखें तो पहले ही काली थीं
बाप बेटी के साथ इसलिए सोया
कि उसने बेटी को जना
माँ
मुझे मेरे बाप के नाम से लिखती है
क्या माँ और माँ और माँ सौगंधी नहीं
हव्वा का निकाह पढ़ाने के लिए
कोई आसमान से नहीं उतरा था
मैं भी हराम की, तुम भी हराम के
लोग ख़ौफ़ रखते हैं
लेकिन सौगंधी से भला कितना और कितना डरा जा सकता है
कहते हैं
सौगंधी ने सौगंधी पे नज़्म लिखी है
बात लगती है जब दिन काला होता है
मैंने इनकार से देखा
लोग सच बोल रहे थे

---

1. मंटो की कहानी 'सुगंधी' का मुख्य पात्र जो एक वेश्या है।

आज!
मैं अपनी शर्मगाह पे सर रखकर सो जाना चाहती थी
मैंने देखा
औरत ऐसा नहीं कर सकती
कैसा अज़ाब है, सर काँधों तक ही साथ देता है
बाज़ लोग मुझे सदी भी कह रहे हैं
लेकिन क़ब्रिस्तान में किसी भी कत्बे पे सौगंधी नहीं लिखा हुआ...
क्या तन्हाई भी इतनी शिरकत कर सकती है
तुम शायद कभी न बोल सको
तन्हा नहीं होना
मिरी ज़िन्दगी में कभी कोई तन्हा नहीं आया
इसलिए जाने कितने मर्दों को भूली बैठी हूँ
देखते-देखते नीयत सौगंधी हो जाती है
तो फिर, मैं ही, मैं ही, सौगंधी हूँ।

कहाँ से आए ये हाथ

कहाँ से आए ये हाथ
मैं सरापा[1] मार सका लेकिन ये हाथ न मार सका
इन हाथों की पगडंडी बना दो

और हथेलियों पर बहुत-सी आँखें झुक गईं
हथेलियों पर देखने वालों के नाम थे

पुतलियों से कोरे काग़ज़ गिरने लगे
तो हाथ से हाथ पैदा होते चले गए।

1. पूरा अस्तित्व

मैं दीवारी नहीं

घर की कितनी दीवारें हैं

तुम्हारे घर की दो दीवारें पड़ोसियों की दीवारों से बनाई गई हैं
तीसरी में रोशनदान
और चौथी में राह

तो मैं दीवारी नहीं
चलो ज़बान पे तुम्हारे सरापे[1] का दाग़ रखा
और मेरी आँखों ने पहली बार गदले पानियों से निगाह की

1. अस्तित्व

हवा जाने और वह चिन्दी

अँधेरे में ज़बान लपेट लिया करो
ये अँधेरे, चराग़ों की सी सरगोशी करते हैं
तुम लफ़्ज़ों के लुंडे बाज़ार[1] में हो
आहट को ज़ख़्मी मत करना
कमरे की झिलमिलाहट आईनों में देखने लगो
तो हर बात को सच मत समझ लेना
आईना वही रहेगा
तेरे ऊपर लू के वार होंगे
आँखों के हिसार[2] और आग की लपेट
दौड़ते लहू को धज्जी-धज्जी करती है
कितनी आँखों में फँस-फँसकर साँस लोगे
और आते ही कह देते हो
मेरी आँख आई हुई है...
क़मीज़ की चिन्दी पहले गलियों में दास्तान सुनाती है
फिर हवा जाने और वह चिन्दी।

---

1. लाहौर का पुराने, सस्ते कपड़ों का प्रसिद्ध बाज़ार, 2. क़िला, अहाता

मेरे दुख तेरे सुख

सलाख़ें दाग़ती हैं मेरे दुख तेरे सुख
हम साँस दबे क़दमों चोरी करते हैं! पिल्ले
और हवा को जान देते हुए फड़फड़ाते पर्दे, फाड़ डालती हैं...
हवा
पट्टा पकड़े
बावर्चीख़ाने—बाज़ार—भूख—नींद
और दरिया के सामने पट्टा खोल देती है

मैंने थूका
तो कायनात[1] से बाहर झाँक भी लिया

1. ब्रह्मांड

मेरा रब

आयतों की सरगोशी अधूरी बात है
सुन!
आसमानी आवाज़ें मेरी क़र्ज़दार हैं
और मेरे एक आँसू की मौत पर
जन्नत में मेरी क़ब्र बना डालती हैं
तुम सोए नहीं, ख़ुदा का लहू सो रहा है
हाँ कशकोल में पड़े हुए सिक्के मेरी दुआएँ हो गई हैं
तुम कौन हो?
मैं आदम के बच्चों की दाश्ता[1] हूँ
लेकिन तुम तो चारदीवारी के नाम से मशहूर हो
औरत की क़ब्र हमेशा बग़ैर कत्बे के होती है
तो ग़ार का अँधेरा तेरे शिकम[2] से कैसे टूटा?
मेरे क़दमों को सज्दा करने की आदत पड़ गई थी
सातवाँ बुत
मेरी शर्मगाह[3] से अपनी मुहब्बत के तकमील करता था
और मेरे पिस्तानों[4] से अपनी नहरों के सीने चौड़े करता था
ऐ मिट्टी में पैवस्त मेरी धारों से रूठे हुए
और मेरे जिस्म से सैराब[5] होने वाले मेरे बेटो!
मैं सातवें बुत की बीवी हूँ

---

1. रखैल; 2. पेट, अमाशय; 3. योनि; 4. स्तन; 5. तृप्त

ढूँढ़ते हो गलियों में मेरा मकान
चार ज़न्ख़ों[1] के इक़रार पर
मेरा आठवाँ बुत मत तराशो
यह वक़्त शर्मगाहों का नहीं
आँखों का इन्सान बनाने का वक़्त है

1. किन्नर, हिजड़ा

बदी

ख़ाक पढ़ती हूँ और तौबा की पुड़िया फेंक देती हूँ
मैं चूड़ियों की रटी-रटाई चोरनी हूँ
और गुनाहों को टाँके लगाती हूँ
चाँद-भर रोती हूँ
और रंगसाज़ के पास जाती हूँ
गिनने से नाम पढ़ती हूँ
और बाल खोले फुंकारती हूँ
और कहती हूँ
आँखें ज़्यादा हो जाएँ तो इन्सान जमा नहीं किया जा सकता
गुनाहों के नंग पे तौबा[1] थूकती हूँ
और सवाब[2] भर हाथ खोलती हूँ
आँख सी रंडी हूँ—दिल से बिस्तर पे सोती हूँ
मैं बदी हूँ
पानियों की कमानें क्या समुंदर शिकार करती हैं
मैं तौबा की तरह ख़ुदा को सहती हूँ
और दुख के पेट से नफ़रत निकाल फेंकती हूँ
चादर पे नंगी-भूखी रहती हूँ
दुआओं से हाथ धोती हूँ
मैं गंदुम के झूठ खाती हूँ
मैं मिट्टी से नहीं बोलूँगी

---

1. ख़ुदा से माफ़ी; 2. पुण्य

ख़ुदा के ग़म में नेकियाँ बाँटती हूँ
मैं ख़ौफ़ की हड्डियों में उतरी
और मलामती[1] हुई...

1. तिरस्कृत, शापित

ज़िन्दा कैलेंडर

चारों तरफ़ आसेब-ज़दा[1] आँखें
मेरे कपड़ों का रंग बदल रही हैं
तन्हाई ने सन्नाटे जितना साँस ले रखा है
हर चीज़, हर चीज़ अपनी शक्ल खो रही है
कोई बहुत क़रीब से दूर हो रहा है
हो न ठोकर गली
यह एक नाम ही रख दो तुम अपने शहरों का
कटहरे से दिल शुरू हो
तो कटहरा कहीं से भी शुरू किया जा सकता है
सूरज उस वक़्त तक नहीं टलेगा
जब तक वो मर नहीं जाता
नींद उस वक़्त तक नहीं आती
जब तक कि वो मर नहीं जाती
और फिर टूटे चाँद के पास
पूरे दिन कहाँ होते हैं
हमारे मौसमों को सूली कहा जाता है
और हमारे पेड़ों से सूली दरयाफ़्त[2] कर ली जाती है
हमारी ज़बान, हमारे शिकम[3] में रख दी जाती है
और हमारी आँखों की पिटारी में
ज़हरीले साँप रख दिए जाते हैं
वक़्त का फ़ाक़ा[4] क़बूल करने के बाद भी

---

1. प्रेतग्रस्त; 2. खोज; 3. पेट, अमाशय; 4. भूखे रहना

हमें ख़ून फ़रोख़्त करना पड़ता है
और नेकियाँ जो चुनी गई हैं हमारे जिस्मों में
किसी वक़्त भी कोरी कर दी जाती हैं
हमारा असासा[1] अजनबी लफ़्ज़ हैं
ये हमें नहीं जानते
लेकिन अब हम उन्हें जानने लगे हैं
कोई जिस्मानी चाल चल दो
आँखों का छक्का, आवाज़ का जोकर
मक्कारी के चेहरे पर झूठे होंट
हाथ से हाथ की मिलावट
पुश्त पर आवाज़ों के कोड़े
चेहरे पर ख़ानाबदोशी
चीख़ों के नेज़े[2] पे रखा बदन
और धूप का मलामती-पन इकट्ठे थे
वक़्त के कोड़ों ने बदन का बैन
उधेड़कर रख दिया था
सारी चीज़ें सूरज की तरह कड़वी थीं
मुहब्बत की खूँटी पर
हज़ारों औरतें नंगी अपनी-अपनी शर्मगाह में दफ़्न होती चली जा रही थीं
उनमें से एक वो भी थी
जो ज़िन्दगी से बड़ा क़हक़हा लगाती थी
आज गिद्ध के साये में पनाह-गुज़ीं[3] थी
कि आफ़तें आज गिद्ध से भी बड़ी थीं
मैंने भी माँ के पिस्तान पकड़े
और कहा, माँ! यह घर की कौन-सी सीढ़ी है
लेकिन वक़्त-ए-क़लील[4] में बच्चे बड़े नहीं होते
सो बच्चों की ज़बानों पे
नेज़ों की कनी रख दी गई
और यह बात सदियों से मशहूर है।

---

1. पूँजी; 2. भाला; 3. शरणार्थी; 4. थोड़ा समय

मैं आँख-आँख रोती हूँ

मेरी रूह भी नंगी है
और रूह का लिबास मेरे गुनाह हैं
और आँखों में हया...!
लिबास बदलती हुई शाम है
मैं आँखें बेचकर हया ख़रीदूँगी
आज ज़मीर पे चराग़ जलाने की नौबत है
एक आँसू मेरे पिस्तानों के मोल बिका है
बताओ!
जिस्म समेत तुम्हें मरने की क्या ज़रूरत थी?
मेरे इनकार मेरे गुनाह हैं...
मैं आँखों की ठंडी लड़की हूँ
गुनाह तो हमारी उम्र के वरक़ हैं
हमें सीधे-उलटे हाथ देने वाला कौन है?
मैंने बच्चों के लिए कब दिन, रात और मौत बनाई?
माँ हूँ...
ज़मीन और आसमान के इलावा अपने बेटे को क्या दे सकती हूँ
मैं पल्लू में आदमी समेट-समेट कर बाज़ आई
कि आँखों के आँचल पे आँखें ख़ामोश हैं
आग सियाह हो गई है
कुत्ते गलियाँ छोड़ गए हैं

हर दिन का एक बाज़ार है
आँखों का बाज़ार कौन देखता है
मुझे कोई नहीं देखता
बस...! गुनाह देखते हैं
सब मेरे जिस्म पे आकर मर जाते हैं
मैं आँख-आँख रोती हूँ
मेरे पाँच रुपये वाले जिस्म की ओट में
अपनी क़ब्रें बनाते हैं
लेकिन...
मेरे जिस्म से दौड़ने वाले
आग का रंग चुरा लेते हैं
औरत तो इज़्ज़त की दुकान है
कहीं तो आग पूरे बदन से लगी है
मैं आग का पूरा लिबास पहनने के बावजूद उदास हूँ
कौन है जो मेरी नींद में शामिल हो
कौन मेरे कत्बे पे हाथ जलाएगा
छाँव में आवाज़ें खो जाती हैं
मैं धूप का गहना पहने हुए हूँ
और क़दम मुझे नाप रहे हैं
और आँखों के नेज़े कितने मकरूह[1] हैं
हाँ! कहीं लौट जाऊँ
अपने आज़ा[2] से फ़ासले पर बैठी हूँ
मेरा एक पेड़ भी है
पत्थर मारने वालों ने नहीं देखा
मेरे पिल्ले, कुत्ते मुझ से ज़मीन माँगते हैं
मेरे कुत्ते गुनाह से छोटे हैं...

---

1. घृणास्पद; 2. शरीर के अंग

दीमक

ज़मीन अपना सीना चौड़ा रखती है
चाहते हो तुम क़ब्रों को जन्म दो
"गुम ख़ुदा और मेरे दरमियान हथियार है"
वक़्त-ए-कुहर[1] दीवार से कूद पड़ी है
"और अपनी नस्लें देखने के लिए कौन-सी माँ ज़िन्दा रह गई है"
हमारी भूख मरेगी नहीं, कच्ची रह जाएगी
काग़ज़ का बोझ हवा नहीं सहार सकती
उसकी सफ़ेद आँखों को पढ़ सको तो पढ़ो
पढ़...!
कि मैं पत्थर की आँखें उठाकर तुम्हें देता हूँ
लिखा था!
सब्र, इज़्ज़त और दरिया
इन्सान के पास गए
सब्र कहे मैं पहले
दरिया कहे मैं पहले
इन्सान के पास सब्र की दीमक थी
कहा...
हर गली के रुख़ हमारे रुख़ों के मुहताज होते हैं
फ़िक्र की बिछा कर लाइन, कौन-सी फ़िक्र को सफ़री किया
ये लहू बे-स्टेशन होते हैं

---

1. कोहरा पड़ते समय

हर लहर हिम्मतें दरयाफ़्त करती है
हर चेहरे में इक अब्रू[1] तुम्हारा है
तुम कोरे रह नहीं सकते
पराए हो नहीं सकते...
बे-जान चेहरों को अपने मन में ढूँढ़ो
चश्मा जिसे मिट्टी की रवानी कह सको
किस ने जंगल को बे-शाख़ा कहा
लकड़ी से वक़्त का झूला बनाओ
क़ब्रिस्तानों के साथ वाले मैदानों में मेला लगा
बाज़ीगर बोला
बच्चों के पास सूरज की किरन हो
किरन लेकर टिकट दूँगा
जोगी ने बाज़ीगर गेंद देख ली
"और मैदान जैसे प्याले में मनका रख गया।"

1. भौं

पैमाना ज़ंग-आलूद था

नज़र-अन्दाज़ी ने दौड़ती गलियों में मकान पैवस्त किये
नज़र ने दरख़्तों से अपनी कश्तियाँ निकालनी शुरू कीं
पहली कश्ती के नाम अपना नाम किया
तो ना-मालूम की लब-कुशाई[1] हुई
ठहर...ठहर ऐ दरिया! आगे समुंदर है
ख़ाक उड़-उड़ कर मिट्टी के सीने पर रुक-रुक जाती
देखने वाले माज़रत[2] करते
ज़ख़्मी रात में आँखें लगा जाते
पतझड़ झूठ की आव-भगत में मसरूफ़ हो जाती
नंगी ज़मीन हवा के बैन सुनने पर मजबूर हो जाती
हवा की बाज़गश्त जब चराग़ सुनते
इन्सान न जाने क्यों अंधा हो जाता
रात करवट लेती तो ख़्वाब छुप जाता
बीज बना जब साया
राहज़न[3] ने मेरा इन्तिख़ाब किया
जवाब देंगे...
जिन्होंने अपने दरवाज़े को कुत्ता अता किया
मैंने क़दम मकान से ओझल किए
और दीवारों पे सो रही

---

1. होंठ खुलना; 2. माफ़ी माँगना; 3. लुटेरा

परवाज़

परों का दुख जब ज़मीनों पे गिरने लगे
तो इन्सान की आँखें अँधेरे में डूबने लगती हैं
जब पौदा जन्म लेता है तो मिट्टी अपना रंग खो नहीं देती
बल्कि और सच बोलने लगती है
दिल आँखों से ज़्यादा सच नहीं बोल सकता
लहू इन्सान को नहीं तौल सकता
सूरज मेरे क़दम चलता है
और रात मेरी तरह हँसती है
अमृता! मिट्टी की प्यास तो कुएँ से भी ज़्यादा होती है
मेरे हाथ काग़ज़ों की तरह ज़मीन से
बिछड़-से गए हैं।

इन्सान

सूरज बेदार हो गया तो मेरी उम्र घट जाएगी
अंदेशों की देवी मेरा चाँद दुखों के हवाले कर देगी
इन्सान ज़मीन से ज़्यादा मर जाएगा और बाँसुरी की आवाज़ भी
मर जाएगी!
तुम्हारी आँखों में जो क़ैद है उसकी आवाज़ मेरे क़दमों के लिए
बेड़ियाँ हैं
मैं ज़मीन की कोख से चली हूँ और अपने हाथों के अज़ाब लेकर
तुम्हारे पास आई हूँ लेकिन तुम्हारी ज़बान मुझे काँटे की तरह चुभती है
हालाँकि मैं कई मौत बाद सोना चाहती थी
ऐ इन्सान! क्या तुम एक कुत्ते की प्यास नहीं पहचान सके?
ऐ इन्सान! क्या तेरी मुँडेरों पर सूरज आबयारी[1] नहीं करता?
ऐ इन्सान! फ़ासले की लगाम क्या सिले[2] के हाथ में होती है?
ऐ इन्सान! मैंने तेरे लिए कितनी आँखें और कितने अबरू[3] इशारा कर
दिए
और तुम मेरे क़हक़हे में शरीक न हो सके!
मेरी आत्मा जन्म के दिये लिये तुम्हारे पास आती है
और तुम उसे क़ैद-भरी निगाह से बुझा देते हो
और अपने ज़मीर के ख़च्चर पे बैठ कर मेरे जंगल की तरफ़ जाते हो!
क्या इन्सान ऐसा होता है?
कोयल मौसम से ज़्यादा कूकती है मैं इस सन्नाटे
में किस से बात करूँ?

---

1. सिंचाई; 2. बदला; 3. भौंह, भ्रकुटी

आशीर्वाद

आँखों में आग लगी है
किस-किस को इख़्तियार करूँ
मैं समुंदर का अब्र[1] बनूँ
ठंडी चादरों पर सुलगूँ
अपने मन में एक परवाज़ करूँ
तो!
न आसमान रहे न ज़मीन
आग चुनूँ
और लकड़ी के बन्दे जला डालूँ
रात की महँदी रचाऊँ आँखों में
सुबह की सफ़ेद साड़ी से कलाम करूँ
मैं हाथ ओढ़ के
आ तुझ से रुख़सत चाहूँ
मेरी आवारगी की पतंग बेडोर
अपने हाथों से कहाँ तक जाऊँ!
चाँद फँस गया है
मेरी जूती की कील में
ऐ सूरज! अब तू ही कोई चाँद जनम दे
राख होती हुई रात में
तेरे वादे भी थे

1. बादल

और मैं अपनी भी
ले समुंदर कोई करवट
पहलू-पहलू जीना मिट्टी की हरामज़दगी है
ऐ समुंदर तुझे मेरे क़दम की क़सम
मेरे जिस्म में रवाँ हो!
मेरी चट्टान तोड़
मेरी रवानी तोड़
एक लम्हा मुझे ताप न सके
कोई ऐसा सिरा अम्बार कर
आँखों की आँधियों में सभी पेड़ गिर गए
मुझे ढूँढ़ते हुए कोई साया देख
मैं अकेली हम-कलाम[1]
ज़ख़्म देती है यह कैसी चाप, देख
बीत गए मन में फिर अनजाने लोग
हाथों-हाथों में कोई परिंदा देख
साये पंछी रात भर सोते रहे
मेरे पंख और सुबह का बहाना देख
अपनी आँखों में कोई गिरिफ़्तार न हो
बस कि जीने-मरने का पैमाना देख
आज मेरे साँस से ज़ख़्मी हुई हवा
मौसमों के खाए हुए
पंछी देख!
पत्थरों के आस्तानों[2] में जियूँ
खिल उठी है एक लड़की किस क़दर
मैं सदा दूँ तो मेरा जिस्म मुझ में आ जाए
संग[3] हैं आवाज़ में और आवाज़ मुझमें शामिल
जिस्म मेरा हुआ है

---

1. परस्पर बात करना; 2. ड्योढ़ी, दरगाह; 3. पत्थर

दर्द कपड़ों को हुआ
अब तलातुम[1], मुझ में फँसकर
सफ़र के रस्से मुझे दे
मैं कुँवारी बच्चों मारी
मुट्ठी खोलूँ, चुप रहूँ
आज अपनी चीख़ में उतरूँगी मैं
साँप लाओ! पेड़ लाओ!
इस तरह का साज़ दो
बीत जाते हो मेरे जिस्म के साथ-साथ
तुलसी हूँ आँगन की
ख़ाली मुँडेर पे धूप चुनूँ
फिर बदन पे कोई साँप लौटे
हाँ मुझे इतना बुलाओ
रतजगा है
कोई पंछी कोई मुँडेर पर लाओ
बल खाते हुए साँसों में
बीन बजाओ! राग सुनाओ
छि: छि:! कमली, कमली देखो
जाओ बैठो, बैठो जाओ!
फिर आँखों में आग लगी है
सपनों पर कोई पेड़ जलाओ
पोर पोर, मेरा मन क्या माँगे
झूठ-मूठ कोई हाथ मिलाओ!

---

1. लहरों के थपेड़े

आवाज़ों का रंग

फूलों की आवाज़ों से रंगों का ज़मीर काँटा होकर रह गया था
मुझे ज़मीन में दफ़्न आवाज़ें डँसती हैं!
ऐ इन्सान!
मेरी रूह का बदन इन्साफ़ हार गया था
ऐ इन्सान!
मैं तेरी तलाश में खो गई थी और अब कहीं भी नहीं हूँ...
ऐ इन्सान!
सूखी रोटी ख़ुदा का रिज़्क़ थी
ऐ इन्सान!
तेरी मुहब्बतों में अँधेरे का ज़र्फ़[1] उतर चुका है
मैं बोसीदा लिबास पे रूह की धज्जियाँ सजाए क्यों फिरती
ऐ इन्सान!
इन्सान और ख़ुदा में फ़र्क़ था सो,
इन्साफ़ से मैं कोई भी बुत न बना सकी
मैं अपने झूठ के कंकर चुनती-चुनती बुत बन गई
और बे-ज़बान रह गई
ऐ इन्सान!
वक़्त ख़ुदा है और ख़ुदा वक़्त है
फ़ासलों के लहजे में संग-ए-मील बोलता है
ऐ इन्सान!

---

1. समाई

ख़ुदा का इल्ज़ाम मुझ पे लाज़िम था
ऐ इन्सान!
इन्सान बुझ गया तो ख़ुदा के घर में अँधेरा हो जाएगा
ऐ इन्सान!
ख़ुदा ज़मीन पे कभी नहीं उतरा।

क़ब्र मुझे देख रही है

मैं आँखों का दुख हूँ
और मेरे सपनों का दाग़ आँखें...
बिन पेड़ के कहीं भी साया नहीं
मेरे यूनिफ़ॉर्म पे पड़े हुए धब्बे
मेरे बच्चों के दुख थे...
मेरे लहू को तन्हाइयाँ चाट रही थीं
शहर की मुँडेर से तिनके चुराए थे
सूरज ने दुख बना दिए...
सफ़र के साथ तू ही नहीं, मैं भी थी...
मेरी क़ब्र मुझ से छुपकर
मुझे देख रही है।

डर है फ़ासला कोई ख़रीद न ले

मेरे क़रीब आनेवाले
तुम्हें अपने बच्चों में दफ़्न होना चाहिए था
घर बताओ और मेरी छत रखो!
कोई ज़रूरी नहीं
तुम मेरी धूप में छाँव रखो!
हाथों का लिबास सियो!
जो लोग ग़ारों[1] पे यक़ीन लाए
उन्हीं लोगों ने शर्मगाहें रहन रख दीं
मैं बे-सदा आँखों से दुआ करूँगी
मैं ख़ार[2] हूँ
और माली रोज़ मेरे बोल चुनता है
डर है फ़ासला कोई ख़रीद न ले...

---

1. गुफा; 2. काँटा

मैं तुम्हारी चिता पे सोती हूँ

दिल में तेरे चेहरे-सी कमानें टूट रही हैं
मैं वक़्त की जूतियों में अक्सर तस्मे ग़लत डालती रही
मैं छोटी हूँ कि मेरा दुख छोटा है
तुम मेरे झूठ बोलने लगे हो
तुम मेरे लिबास पहनने लगे हो
मैं तुम्हारी चिता पे सोती हूँ
मेरे जिस्म की तमाम आँखें तुम्हें देखती हैं
हाथ रुख़सत हो जाते हैं
आँखें रुख़सत नहीं होतीं
मैं तुम्हारी चिता पे सोती हूँ...

सूरज पंछी के साथ डूब जाता है

सूरज पंछी के साथ डूब जाता है
पानियों पे कहानियाँ लिखती रहती हूँ, मेरे लफ़्ज़ मुझे
आधी रोटी भी नहीं देते
मैं चाँद की तरह रोज़ टूट जाती हूँ
मेरे दिल में कई रूहें रहती हैं
मैं कँवल का आस-भरा तालाब हूँ
मेरी आँखें हमेशा फ़ासलों की क़ैद में रहीं
और ज़बान पे चेहरे का दाग़ पड़ा रहा
मैं ज़िल्लतों का ख़ेमा हूँ,
पानियों की कहानियाँ लिखती रहती हूँ,
मेरे लफ़्ज़ मुझे आधी रोटी भी नहीं देते
मेरी आँखों में गुनाहों का अम्बार[1] लगा है
मैं कभी दिल से बड़ा सच न बोल सकी
मेरे आँसू मेरी प्यास नहीं बुझाते
मैं तो चोर की आस में लुट जाऊँगी
मिट्टी के ढेर से कोई ज़मीन नहीं माँगता
मैं अपने हाथों से ओझल रहना चाहती हूँ
जब सूरज आसमान पे दुआ माँगने आएगा
तो मैं दिनों के कशकोल से निकल जाऊँगी
और हँसी से ज़्यादा
अपने लिबास बाँट दूँगी
सूरज पंछी के साथ डूब जाता है।

---

1. ढेर

ज़िन्दगी आँख सँवारे

चारपाई, मुझे क्यों गिनना चाहती है
तेरी बान ने कई बार मेरे बदन के हिलकोरे खाए
तेरी बान मेरी उँगली-उँगली का हिसाब जानती है

अब तो चाँद से डर लगता है
किसने इसमें अँधेरे बोए
क्यों मेरे दिल से सितारे गिरने लगे
क्यों मेरा बदन अकेला रह गया है
क्यों इशारे बदनी हुए
ज़माने जा सोते मेरी आँखों में

खिलौने फलाँग के ऐ ज़िन्दगी तुझे क्या मिला
बुड्ढी आँख
नंगी दीवार
छोटे यार
तू इतनी बड़ी ख़ुशी कि मुझे तोड़ना पड़ा
मैंने घर-घर पोर जलाई
अँधेरे और अँधेरे
लहर मेरी आह से मर जाती
मेरा रहज़न नाम मशहूर हुआ

मैं गली-गली रुस्वा हुई
फिर गुनाह ने मुझे कमाया
अलाव देखो, छाँव में मर जाने वाली परवाज़ों का
अलाव देखो! मेरी ज़ंजीरों की छाँव का
अलाव देखो! मेरी मौत को लगी हुई ज़िन्दगी का

आँखों में कोई दिल नहीं रहता
पंछी रहते हैं पंछी
मैं काले वादे कर-करके शाख़ तराशती
शाम परिंदों से ख़ाली हुई
नींद आँखों से ख़ाली हुई

भागते-भागते एक दिन ज़मीन भी ख़त्म हो जाएगी
और ख़लाएँ कभी भी किसी को क़बूल नहीं करतीं

मैं पत्थरों से गिरा हूँ कंकर हूँ
चाहे ज़मीन मेरे लिए सीना चौड़ा करे न करे
मेरा कफ़न नापने वाले
अपने जिस्म जितना गज़ रखते हैं
पर याद रखना
मेरी मौत भी बच्चे देगी

आ मेरी औरत—मैं तेरी हँसी को बेटी दूँ
आ मेरी औरत—तेरी पैदाइश पर मरा हुआ ठग दिखाऊँ
ऐ दिल—तेरी औरत के बाल लम्बे हुए

मैं फूलों पे पड़ी हुई शाम हूँ
दिन से कह
मेरी रात का एहतिराम[1] करे।

---

1. आदर

बाग़ का दरवाज़ा

भूख के छूने से वो बेदार हुई

ख़ुदा भूख के कितने ज़ायक़े रखता है
भूख और कितने साँस लेगी माँ!

जब से बरगद का पेड़ लगाया है
तब से टहनियों का धुआँ देख रही हूँ
अब न बाग़ जाना न फूल चुराना

मैं फूल चुराती हूँ तुम भी तो टहनियाँ रख लेती हो
माँ!
मैं फूल तोड़ती हूँ
तुम टहनियों के सदा पे रहना

बाग़ का दरवाज़ा
शाख़ों को सुखाकर बनाया गया था
टहनियों की टूटने की सदा पे
गुलदस्ता चहचहाने लगा

माली!
वो फूल मेरी गुड़िया के रंग का है
और काले गुलाब जैसे मेरे जूते हैं
और सूरजमुखी में तो तूने मेरे बाल बो रखे हैं

हाँ माली!
तेरा वो पौदा है ना
वो मेरे फ़िराक़[1] के रंग का है
और सफ़ेद फूल बिलकुल आटे के रंग के हैं
और देखना माली!
मैं अपनी पायल यहीं कहीं सुबह भूल गई थी
मेरी पायल कहाँ है?

पगली!
तेरी पायल तो हर हर सुबह चुरा लेती है
तेरी पायल का एक घुँघरू
बरगद की छाँव में था
मैंने उसे क्यारी में बो दिया
बाक़ी तेरी पायल मैंने मिट्टी में दाब दी

माली लड़की की दूसरी पायल भी उतार लेता है

कल मैं ऐसी टहनियाँ दूँगा
जिनकी राख रँगी हुई होगी।

---

1. वियोग

रिज़्क़ की मलामत[1]

ग़रीब की रोटी पे ज़ंग लग जाए तो उसके कुत्ते की वफ़ादारी
भी भूखी रह जाती है
तो इन्सान उस वक़्त हँसता है
और वक़्त उसकी आँखों के नंग[2] पे रोता है
रिज़्क़ की चिंगारियों से ज़ंजीर दहक जाती है
तो ग़रीब के मन का कुत्ता आज़ाद हो जाता है
और भूख का रिज़्क़ थामे वो अपने इन्सान होने की गवाही देता है
तो उसकी नंगी आँखें उसके दिल पे उसके क़दमों पर भौंकने लगती हैं
रिज़्क़ और इन्सान को अपनी-अपनी तन्हाइयों में रहना चाहिए
नहीं तो भूख की लाश इन्सान से ज़्यादा भारी होने लगती है
बात अपनी-अपनी भूख की है
तेरी, मेरी या कुत्ते की वफ़ादारी या भूख की वफ़ादारी की बात नहीं
इन्सान ज़र्फ़[3] की तंदूर में सूखी रोटियाँ रखे
अपनी बंद मुट्ठियों पे एतबार करता है
और अपनी आँखें कहीं भी फेंक देता है
आँखों के चीथड़ों से चादर बुनना कोई आसान बात तो नहीं
कि बात तो अक्सर भूखी रह जाती है
और इन्सान से इन्सान फ़ासलों से गुज़र जाता है
ज़ब्त की धज्जी इन्सान से भी गहरी होती है
कि आँखों में नींद रखना कोढ़ से भी बड़ी बीमारी है

1. अन्न का अभिशाप; 2. ज़िल्लत, शर्म; 3. समाई, हौसला

और मन के कुत्ते की ज़ंजीर सौ-सौ कड़ियाँ दिखाती है
और फाँकता है इन्सान रिज़्क़ की ख़ाक
हालाँकि इन्सान के पास आँखों का रिज़्क़ थोड़ा तो नहीं
आओ हम अपनी-अपनी क़ैद की गिरह खोलें—और ख़ाक होने के लिए आग-सा एहतिमाम रखें—और कम-अज़-कम हमारी आग में आग जितना ज़र्फ़ तो रहे
भूख जो इन्सान को कूड़ा-करकट बनाए हुए है
और इन्सान का चेहरा रोटी से बड़ा है और तू कहता है रिज़्क़ का चेहरा हूँ मैं
हाथों की जगह दो रोटियाँ रख के हाथ मिलाना मलामत[1] के तंदूर में जलना है
हमें और भी कहीं चलना है
और वहाँ से और भी कहीं चलना है
कड़ियों और शिकनों-भरी चादर का बदन इन्सान की कौन-सी भूख से मैला होता है
कभी तुमने सोचा
दिल पे क़दम रख के चलना कितना मुश्किल है
जैसे जाल में समुंदर को क़ैद करना
आँखें और चादर को तह करके रख देना और भूख के मास पे बैन करते रहना
आओ!
मन के कुत्ते की प्यास को पी जाएँ
तो रिज़्क़ और इन्सान हलाली या हरामी से बच जाएगा
इससे पहले कि हमारी नींदों में मलामत शामिल हो
हमें अपनी-अपनी आग से अपने-अपने रिज़्क़ की मलामत उठा लेनी चाहिए।

1. धिक्कार

तुम किस मंडी में रहते हो

मैं अधूरी रात हूँ
मेरा चाँद कैसे मुकम्मल हो सकता है
साकित[1] हालात मेरी मूरत रखते हैं!
गुज़रने वाले मुझे भूल जाते हैं!
मैं दुखों की पहरेदार हूँ
लेकिन आँख दराज़ी मेरे क़दम गिन जाती है
अनोखा बदन मेरी फ़रामोशी[2] है
मेरे सवालों का जवाब मेरी ही आँख है
और मेरे लफ़्ज़ों का सुतून[3] तुम बन जाते हो
मिट्टी समुंदर की तरह बेग़ैरत नहीं
क़ब्र रखती है
और मेरा लहू मेरी तरह बेग़ैरत नहीं
झूठ-मूठ हाथ धो रही हूँ
आने वाला बेज़ार काला सूरज सिखाएगा
अँधेरे दीवार चाट जाएँ तो सूरज कौन-सी मुँडेर पे उतरेगा
मेरे पास इरादों की तलवार है
तुम किस मंडी में रहते हो!
अँधेरे में दीप बन जाना कोई बड़ी बात है
बात तब है जब सुबह को हमको लपेट कर रख दो
मेरे अंदर कौन आदमी डूब गया है!

---

1. अचल; 2. भुलावा; 3. स्तम्भ

कौन मेरा इक़रार बनना चाहता है
मैं ज़मीन की मुलाज़मत नहीं करना चाहती
मेरे थोड़े साँस उम्र रखते हैं
तराज़ू तू मेरी तौहीन है
मेरी मिसाल कल है
अपने अँधेरों से ग़ाफ़िल रहकर तेरी हो जाऊँ...
फिर रफ़्ता-रफ़्ता ज़मीन छोड़ना...
तेरी ज़मीन ही थोड़ी थी वर्ना मेरी छाँव...
किनारे पत्थरों से बनाए गए हैं
और इरादे इन्सान से बनाए
आँख अगर इरादा-ए-क़त्ल है
तो मैं तीन जन्म की प्यासी हूँ
मुझे सच से बचाओ और आसमान से रंग दो
तुम्हारे हाथों की मैं कर्ज़दार नहीं...

पाँच पाई

क़ब्र पर हाथों की छाँव बाँध आऊँ
इतनी अकेली तो नहीं लग रही
वबाली चिड़िया! मुझे दरिया को दफ़्न करना ही होगा
मुफ़्त में कच्चा दूध हाथ लगे तो उबालने में क्या हर्ज है
वैसे भी तुम्हारे बाप के कत्बे[1] पर
मेरी पाँच पाई कंदा[2] है...
और आवाज़ जैसे सलाख़ हो गई हो :
दरवाज़े की आँख लग गई है :
नंबर एक दहलीज़ नंबर दो आँगन यहाँ मेरा कमरा था
और यहाँ मेरी पहली आवाज़ का बान था...
क्या चाँद रोशनी से जल गया—रात ही इतनी थी
और पागल के लफ़्ज़ों में सच्चाई रहने लगती है...
ला, तवा—और पाँच उँगलियों के निशान दीवार पर शुमार करती है
ये पाँच पाई और बंद मुट्ठी में क्या फ़र्क़ है?
दरियाओं ने पुल को ही ज़ंग-आलूद कर दिया...
पाँच पाई खोटी हो गई है
नहीं! आज पाँच पाई छः पाई हो गई है...
पाँच पाई से लोग मर जाते हैं
तो क़ब्र भी नहीं माँगते...
पाँच पाई और एक क़ब्र मिलकर छह पाई हुई ना...

---

1. समाधि-लेख; 2. खुदा हुआ

बेटे के लिए एक नज़्म

मेरी मिट्टी तुम्हें देखती थी
और बीज का दर्द शदीद था :
तुम्हारा मोज़ा खेतों में उग चुका था
मेरे पाँव पर मिट्टी भारी हुई
सरगोशियों में फूल उगे
दरिया जंगल चुरा लाए
छाँव मैंने बिछा दी
और तुम्हारी ख़ुशबू फूलों में पड़ गई थी
मिट्टी मेरे घर मुबारकबाद देने आई
फूल और सितारे
क्यारी का दिल धड़का रहे थे
शाख़ें मिट्टी को चूमतीं
मैंने एक पेड़ तराशा
और तेरा झूला बनाया
क्या ख़बर थी शाख़ों के लिए कोई पेड़ न रहेगा
परिंदे मिट्टी पे बसेरा कर बैठे
"मिट्टी ने घूँघट निकाला
तो क़ब्र ने मुझे माँ कह दिया"
"यहाँ गंदुम खिलाने वाली औरत माँ थी!"
वो बे-ख़ाब सा
जाने कहाँ से चला था—
हम ज़मीन पे मिल गए

ख़ुदा ने उसका नाम आदम रखा मैंने बेटा
हम दोनों तन्हा थे
वो मासूम था और मैं ख़ुश
मैंने सारी उदासी पाट डाली
और क्यारी में हाथ बो दिए
पुरानी 'सारा' नई हो गई थी
मेरे हाथों से हाथ जाते रहे
मुझे क्या ख़बर थी
मिटी हुई चीज़ों से भी
कुछ छीन लिया जाता है
चाँद दाग़ सहता आया है
मुझे मिट्टी का इल्ज़ाम सहना था
अब मुन्ने की हँसी में
जज़्बे बस चुके थे!
पत्थर लहू में पड़ रहे थे
और मैं छलक रही थी

तन्हाई-सा ख़ौफ़ हमेशा मेरा पीछा करता
अनजाने समुंदर में
मैंने कश्तियाँ छोड़ दीं!
मौज मिट्टी में कहीं खो गई थी
जब अँधेरे में चराग़ अटक गया
अँधेरे में मेरी साँस अटकी हुई थी
मैंने उम्मीद के चराग़ से रस्सी जलाई
और अपने टुकड़े की छाँव बन बैठी
सितारे टूट रहे थे
और मेरे बच्चे की उम्र घट रही थी
ख़ौफ़ ने मेरे बाल खोल दिए
तो मैंने अपनी माँग का नाम बेटा रखा

दो साल हाथों में बीत गए :
चौथे साल मेरा बेटा रास्ते की तरफ़ इशारा कर सकता था
सिसकती शाम में, मैं स्वेटर बुन रही थी :
कि पाँच घर गिर गए :
बान जैसे ज़िन्दा हो गया हो और मैं मुर्दा
शाम ने क़हक़हा लगाया
और चाँद को इशारा कर गई
बेटे को देखकर दुपट्टे से ढाँप देती
उसकी नींद में सारा घर घूम आती
दीवार गिर गई तो बे-पर्दगी हो गई
लेकिन यहाँ तो माँ रहती है
माँ का जिस्म और ख़ूबसूरत हो जाता है
मेरा बेटा सो रहा था
और मेरी गुड़िया जाग गई थी
शाम ने फिर चुटकी बजाई
और मेरा बेटा कुछ ख़रीद लाया
रबड़ का साँप
मैं सच्चे लम्हे में चिल्लाई, ज़हर

यह ज़हर तो मस्नूई[1] है माँ

और मेरी कोख में रबड़ का साँप रह गया
मेरे बच्चे की शरारत पाँच साल की हो गई
सूरज की सलाख़ों पे
कपड़े सुखा बैठी
अनजाने ख़ौफ़ ने आग पकड़ी!
बच्चे ने लफ़्ज़ गोश गुज़ारे[2]
अलिफ़ से अल्लाह, मीम से माँ!

---

1. कृत्रिम, 2. गोश गुज़ारना—कानों से गुज़ारना अर्थात सुनाना

मैंने लफ़्ज़ को ठंडा किया
बेटे मीम से मुहम्मद :
मीम का मतलब तो मुनव्वर[1] होता है माँ
फिर आप क्यों रो रही हैं

बहुत-सी मुनव्वर चीज़ें रो रही हैं बेटा

खिलौने खेलूँ!!
खिलौने का लफ़्ज़ न दोहराना बेटा
नहीं तो रबड़ का साँप ज़िन्दा हो जाएगा

माँ तुम मेरे खेल से खो क्यों जाती हो
ख़ौफ़-ज़दा क्यों रहती हो

जितने पूरने डाला करूँ
उतनी ही तख़्ती लिखा करो बेटा!
गेंद कभी दीवारों को छूती कभी खो जाती
कभी मिट्टी की कोख बन जाती

गेंद से कहीं माँ घर टूटे!
अनजाने में ठंडी हो रही हो
मैं किस के पास सोऊँगा

अंदेशों में जाग मत लगा बेटे!
मिट्टी की तरह छाँव के कपड़े न पहन
कहीं दुख ज़रख़ेज़[2] न हो जाएँ!
ख़ाक को आग की बददुआ है

---

1. प्रकाशित, रौशन; 2. उपजाऊ, हरे

मेरे होते हुए माँ दुआ माँग रही हो!
सूरज मेरे तलवे चाट रहा है!
कहीं तुम्हें नज़र न लग जाए
फूलों के पास मत जाया करो

क्या मेरी माँ कायनात की क़ैद में है?

फ़िक्र-ए-इंसानी मोड़ पे है
और इल्म मेरी क़ैद काट रहा है
कुड़ियाँ पहलू में सो रही हैं
समुंदर की सतह खुलती ही नहीं
गुनाह की पुश्त देख रही हूँ!
चराग़ मह्व[1] है इन्सानों में
मैं अपने खिलौनों से ही डर गई थी
जली रस्सियों पे नक़्श-ए-पा[2] ठहर गया
और फ़ासले पे आँख मर गई!
"माँ के लफ़्ज़ पे ज़मीन ख़त्म हो जाती है"

तो मैं कहाँ खेलूँगा?

और सितारे आसमान को लोरी सुनाते रहे
बच्चे के हाथ सुई चुभी
और उसने दर्द को ख़ामोशी पर रखा
"सुई से आवाज़ आई, माँ!!"
मैं समझी ख़ुदा यही है :
सितारे गिनने सिखाए थे
क्या ख़बर थी कल उसे दीवारें गिनना सिखा देगी

---

1. गुम, खोया हुआ; 2. पैर का निशान

"जब मुनव्वर[1] चराग़ों से मेरे दुपट्टे में आग लगी"
मेरा बच्चा आग से डर गया
मैं ख़ुद से छुपी-छुपी उसे शीर चखाती
लेकिन वो आग से ऐसा डरा
कि मेरी तो माँ बीत गई
"मेरी आह पे लोग क़ुरआन पढ़ते"
मुझे देखकर माँओं के सीने से दूध बहने लगता
और जब मैं बच्चे को ढूँढ़ती
मेरे पिस्तानों में दूध रह जाता
हाथों के कत्बे क़ब्र ढूँढ़ने लगते
"ख़ामोश क़ब्रें भी चिल्ला उठतीं"

बच्चे और माँ के दरमियान
कोई इन्सानी कड़ी रह जाए

तो बेटा कंकर से मुकालमा[2] मत करना
मेरी किताबें पढ़ना
आग से डरे हो
मेरे लफ़्ज़ की रूह से मत डरना
कि रूह का दुपट्टा मुनव्वर चराग़ों से नहीं जलता

"जाने आज तुमने कौन-सा रंग पहना होगा
जाने आज दुख तुम्हारे घर कितनी देर ठहरा होगा
तुम्हारी शरारतों से क्यारियाँ भर गई होंगी
तुम्हारी आवाज़ मेरी आँखों जैसी हो गई होगी
तुम्हारी हँसी मुझ से मुकालमा करती होगी
मुहल्ले के बच्चे तुमसे माँओं की शिकायत करते होंगे"

---

1. प्रकाशित, 2. संवाद

काश मैं तुम्हारी पोर से काँटा निकालती
और किसी भी तहवार[1] पे ये ख़ाली हाथ तुम्हें दे देती
तेरी शरारतों से मैं जवान हो जाती!
मैंने क़दम तह किए
और तेरी दीवार के साथ खड़ी हो गई
दीवार साँस लेने लगी!
मैं झिर्री से तुम्हें देखती
आँगन खेल रहा होता लेकिन दरवाज़ा बंद था
जैसे आवाज़ मुझ में मर गई हो
और आँखों ने तुझे गोद ले रखा हो
मेरी आँखों से तेरे कंचे खो गए
मेरा दुपट्टा कराहता
और चराग़ हवा के साथ रक़्स कर गए
फिर आहों की बेलों से
मैंने दीवार ढँकी
चराग़ में फुनकारती आग
मेरे कफ़न को गाली बना गई

स्याह आँखों वाली माँएँ
रात की क़ैदी थीं
उनके नींद में जने हुए बच्चे
उन्हें इतना जगा जाते कि ये जागते में मर जाएँ
फिर मैं दीप लेकर कभी जंगल न गई
मैं कूड़े के ढेर से आँखें उठा-उठाकर पढ़ा करती
अनजाने तारे टूट रहे थे
आसमान ने मुझे कहा, माँ!
और मेरी आँख आसमान हो गई

---

1. त्योहार

चाँद ने आधी बात कही और सुबह हो गई
मुझे इन्सानों की भूख लगी
तो मेरे कपड़ों ने फ़ाक़ा क़बूल कर लिया
साये टल जाएँ तो धूप की पैदाइश कहाँ
और तुम मेरे सवाब से रूठ गए
मैं पूरी आँख से जल उठी
फूल बेटे!!

तुम झूठ बोलती हो माँ!
माँ कब आँख नापती है

कच्चे रंगों की पतंग न उड़ाना
कहीं मौसम परवाज़ न सीख लें
तुम फिर फूल तोड़ लाए
और उसका नाम माँ रखा
लेकिन अक्सर फूल बाप के गुनाह से काले पड़े थे
हैरत ने जन्म लिया
तो मैंने ख़ुदा को वरक़-वरक़ पढ़ लिया!
वाक़ई तेरी कोई माँ नहीं
और न तूने किसी को जना!

मेरी बूढ़ी दुआ मुझे तराशती
और मैं बचे संग-रेज़ो से खिलौने बनाती
खिलौने बा-उम्र हुए और मुझसे बातें करते
मैंने नई ज़बान दरयाफ़्त कर ली
और माँओं से कहा!
तुम दीवारों की माँ हो
और मैं सदियों की माँ हूँ

इनकार तेरा माँ बाँटे
ज़मीर तेरी ज़बान हो

चाँद चुटकी बजाए तो तू रात समझ ले
फ़ुर्सत से टूटने लगो
तो मुक़द्दर पे कोई नई बात लिख देना

मेरा रब दुख से भी आला है
मैं ऐसा पेड़ हुई
जिसका ताबूत बना, बिन लाशा
औरत माँ हो जाए
तो ख़ुदा उसका दोस्त हो जाता है
हर संग-ए-मील पे लिखा है, कौन जाने!
क़दम के साथ फ़ासला रहता है
मैंने ख़ामोश गुनाह किया और पैदा हो गई
तुम ने ख़ामोश गुनाह किया और माँ से जुदा हुए
और मैं ज़ंजीर जितनी बेदार हो गई
मेरा हर लिबास चराग़ ही से जलता है
तुम तो मुझे ऐसे देख रहे हो
जैसे मैंने इन्सान को जन्म ही नहीं दिया

दुख तेरा ज़ायक़ा हो
और इंसानी दुख तेरा लिबास हो
तेरा बीज मेरे बच्चे के दुख जैसा हो
तेरा सब्र मेरे गुनाह जैसा हो
आग तेरी शर्म हो
जंगल तेरी आस हो
माफ़ी तेरा हुक्म हो
ख़ुशी तेरी फ़ाक़ा हो
माँ तेरी आँख हो
बच्चा तेरा सब्र हो
मुफ़लिसी[1] तेरी कमाई हो।

1. दरिद्रता

घड़ी की चौखट

पत्तों के साथ कुछ हवाएँ उखड़ गई हैं
दरिया अपनी मुट्ठी खोल रहा है
जंगल के पेड़ इरादे ज़मीन को बोसा दे रहे हैं
गली लय पर फुनकार रही है
इसमें जले हुए कपड़े फेंक
बोझल साये पर कितना वज़न रखा गया था
आदमी इन्सान होने चला था कि कुआँ सूख गया
क्या आदमी ने कुएँ में नफ़रत फेंक दी थी
चादर और आवाज़ को तह करके रख दो
लौटते तक धरती पे मेरी चाप गूँजती रहे
मैं ये टुकड़ा आसमान का रँगने जा रही हूँ
वादे की चौखट घड़ियाँ जोड़-जोड़कर बनाई गई है
आँखों की टिक-टिक सारा जंगल जानता है

अकेला चाँद और मैं

आँखों का सन्नाटा है
आज कोई मेरे बिस्तर की क़सम नहीं खाता
लेकिन...!
मैं बिस्तर उदास नहीं देख सकती
अकेली मैं और अकेला चाँद
"संग-ए-मील मीलों चलता है और साकित[1] है"
मिट्टी में फँसा समुंदर
बिल्कुल मेरी तरह है
मैं आँखों में फँस-फँसकर ज़िन्दा हुई
मेरी रात मुझ से पहले जाग गई है
मेरी एक आँख मर्द है
और एक आँख औरत
"आसमान के सीने में ग़म चरख़ा कात रहा है।"

1. ठहरा हुआ, अचल

रजज़[1]

बिछड़ जाने वाले
तू कब यहाँ से जाएगा
कमीनगी के फ़वाइद[2] तो होंगे तेरे पास
मेरे पास?
ख़ूब...
आ जाके कुएँ सामने रख देते हो
मेरे पास कोई रस्सी तो नहीं है
तलाश सय्याहों[3] की आँखों में झाँकती है
ज़रा दूर-दूर चलना
ये ख़ाली सड़क पे कौन दौड़ा है
होगा कोई सौ बहों का मूसा...
उधार शर्मिंदगी माँग कर लाई थी
बस मेहमान आए तो मालिक मकान भी आ गए
शरारतों में भरी पोट
अलग-अलग करना ज़रा उन रातों को
जिन पे बादल बिजली गिरी है
ये रही तुम्हारी काली रात, ये रहा तुम्हारा दिन...
यह तो खाइयों में पनाह लेने वाली बात है
तू सुअर
अपने कालर दूसरों के घरों में फेंक आता है

ज़हानत[4] तो तारीख़ ले उड़ी

---

1. शौर्य गीत; 2. फ़ायदा का बहुवचन; 3. पर्यटकों; 4. बुद्धिमत्ता, मेधा

रेवड़ों की हाँका-हाँकी से खेत चटकर के बैठी हूँ
अब किसे भूख लगेगी
सूरज ग़ुरूब[1] होने वाला है कुछ बंदोबस्त करो उसका...
"सफ़र के नुक्कड़ पे बदकलाम[2] टहल रहे हैं"
"बाँध दिया है सवा रुपया मैंने धरती के बाज़ू पर..."
अरे भाई क़सम खाने के बाद भी काफ़िर हूँ
तू खिड़की क्यों नहीं खोलती
खिड़की से बेगाने घरों की छतें तकने लगती हैं
आओ मेरे पास बैठो!
तुम्हारे पास तो तुम्हारे दो हाथ बैठे हैं...
मैं वादा करती हूँ
अपने दोनों हाथ छुपा कर तुमसे मिलूँगी
रेज़गारी बोझ के इलावा कुछ भी नहीं...
अपनी प्यास दीवारों से ऊँची न होने देना
हाँ तार-तार वक़्त को सीना पड़ा
छुप-छुपकर खेले हुए खेल
चोर को लाकर सामने खड़ाकर देते
हाथ तालियाँ बजाने लगते...
सारे कमरों में मैं अकेली होती
कभी अपने मुस्तक़बिल[3] को कमसिन जानकर डाँट देती
बस तख़्ती सूखने का इंतिज़ार है
वर्ना बचपन के मोज़ों का रंग मेरी माँ को भी याद नहीं...
बाज़-औक़ात[4] रूह मेरे साथ क़दम मिलाकर चलती...
गुनाह का माज़ी[5] कितना ख़ूबसूरत है
ये मुझे गिनते-गिनते बूढ़े हो गए
आसमान और समुंदर इन्सान को तख़्तों के हवाले कर देते
और कहते!

एक राज़ है जिसे तेरी मिट्टी ने छुआ तक नहीं है

1. अस्त; 2. अप-भाषी; 3. भविष्य; 4. कभी-कभी; 5. अतीत

लेकिन समुंदर की हद में काँटा डाल दिया जाता
परिंदे अपने दुख अपनी आँखों से देखते...
मुर्दा पत्थरों से लहूलुहान हुए तो क्या हुए
ज़िन्दा गाली बनकर ज़िन्दगी पे क़दम रखना
फिर नापाकी मुझे टटोलती
एक साँस पे इक़रारनामा लिख दिया जाता...
माली ख़ुदा से क़रीबतर होता चला जाता
लकड़ी से बँधा कपड़ा सारे मकान से सवाल करता
रिश्ते लहू को ख़ंजर से नापते
एक शख़्स आता चंद लम्हे अपने साथ ले जाता
काले दरवाज़े पे चाक दाग़ जाता...
लोग पढ़ते निकल जाते
दिन को जोड़ते हुए मेरी उँगली फँस जाती...
अंदेशों के पाइंचे पैरों को खरी-खरी सुनाते
नज़रअन्दाज़ी आँखें मिलाने लगती
लोग चौराहे अपने-अपने साथ ले जाते
मैं उनकी सादगी पे अफ़्सुर्दा[1] हो जाती
ख़ामोशी इन्सान को जन्म देती
इन्सान लकड़हारा बन जाता
और इन्सानों के लिए आग मुहय्या करता
बंदा-परवरी जब पिंजरे से हाथ मिलाती
आसमान झुक कर उसे देखता
सूरज में ख़म[2] आ जाता
सितारे आधे रह जाते
मैंने दानिस्ता[3] दूसरों के तेवर भर लिए
थैला लेकर बाज़ार जाती और थैली और भरकर वापस
आ जाती...

1. उदास; 2. टेढ़ापन, झुकाव; 3. जान-बूझकर

आग इनकार करती
मैं अशरफ़-उल-मख़्लूक़[1] बन जाती
मुहब्बत किसी से, रिश्ता किसी से
मैं कहती आज की बात करो
कल पे घड़ियाँ लिबास तब्दील कर देती हैं
वो अपने लफ़्ज़ों से मुझे नए वरक़ दे जाता
मैं लिखते-लिखते स्याही में डूब जाती...

जंगल जाने वाले
आते वक़्त दो पत्ते तोड़ लाना या थोड़ा-सा हाल ख़रीद लाना
और पहाड़ों के दामन दरिया
जानवरों की प्यास हो चुके हैं
अपने लहू को मेरी आँखें समझ लेना
और रातों के दिन वहीं छोड़ आना :
चिड़िया और दरिया की गुफ़्तगू किनारों तक क्यों ले आते हो
किनारों पर क्या डूबने वाले खड़े नहीं होते होंगे
मैं तुम्हारे पास आई हूँ
मंदिरों में बद-दुआएँ माँगने आई हूँ
सुनसान रातों में गुम सीढ़ियाँ सायँ-सायँ करती साये को चूमतीं
हाथ पाँच राहें मुन्तख़िब[2] करते, संग-ए-मील को दे देते
और फिर उसने दबे क़दमों कहा
जब तुम नहीं होतीं आसमान से पत्थर गिरने लगते हैं
नन्हा वक़्त मुजस्समों[3] पर सूरज उतारता है
उसके पास एक चराग़ जलाता है कि पिघल जाए
वो सात इशारों पे जब आँखें बहा देता
और अपनी आवाज़ को जला देता
ख़ाक में पत्थर भर दिए जाते ज़रा से पानी के साथ...
वक़्त थोड़ा रह गया है बाद में बातें ताप लेना

1. प्राणियों में सर्वोत्तम; 2. चुनते; 3. मूर्तियों

उट्ठो सूरज आँख-मिचौली खेलने वाला है
शायद मेरी दूसरी सूरत तुम्हें पसंद आए न आए
क्यों न हम एक दूसरे को इसी वक़्त गुज़ारते चले जाएँ
वादा पत्थर पे सब्त[1] कर देते हैं...
बातें रखते-रखते तुम काँधा देने लगते हो
पहुँचकर मुझे राह दिखा देना...
एक दिन फिर तुम्हारे तेवरों पर दरिया बहाने पड़ेंगे
गर्द में उलझा ताल्लुक़ कहाँ-कहाँ जाए
इससे पहले लहू से आँखें निकालकर तुम्हें देखूँ
पुरानी दीवारें दिल लिये मुझे पुकारती हैं
अनजाने पर्दों से दरवाज़ा नमूदार करती हूँ
दाख़िल होते ही तेवर टाँगना शुरू करती हूँ...
एक साया हाथ लगता है
मक्कारी की ख़ुशबू ख़ुश-आमदीद[2] कहती है
टूटे बाज़ू तलवारें नापते हैं
फिर काँधों से बुलंद हवाएँ इरादे बाँधती हैं
इरादा पुतलियों की हैरत में पैवस्त होता है
गिरते-गिरते आवाज़ों पर मैं चलने लगी...
कुटिया में रोशन चराग़ तख़्तों की क़ब्रें बना सकता है
लेकिन उसे तेरे घर का भी तो ख़याल है
बेगानी मुहब्बत!
शहरों के ख़ातमे[3] भी कुछ इब्तिदा करते हैं
मैं अपने ख़ातमे पे तुम्हें रखती हूँ...
मिट्टी चराग़ में कभी न जली...
चराग़ मिट्टी में कभी न जला...
समुंदरों के सीने कश्तियों से भरे पड़े हैं
बादबान हवाओं में दब चुके
दरयाफ़्त अँधेरे से अँधेरा, सवेरे से सवेरा

---

1. अंकित; 2. स्वागतम; 3. अंत

लुटेरे के मुसाफ़िर! सुनाती हूँ एक कटाव...
एक मुर्दा था एक ज़िन्दा था
पहले की आँखें दर्जनों समुंदर गिनतीं, एक कश्ती पसंद न आती
दूसरे की आँखें पलकों से गंदगी में भूली आयतें ऊँची जगह रख देतीं
चलते-चलते एक अंधा हो जाता दूसरा बन जाता
आहटों को महसूस करते ही रातें काली करता
वो एक सेकेंड में दो राहों पे चलता
क़ातिल की पहचान बन जाता
सुकून की ज़ंजीरों से डरता
कभी वक़्त को तराशता, कभी ख़यालों को
जो संग[1] बच रहते उसे क्यारियों में डाल आता
फिर बच रहते तो ये कंकर बातों में भर लेता
महफ़ूज़[2] चाल से वो किसी की तरफ़ जा रहा होता
फूल और शाख़ों से बंद...
कंकर की आवाज़ें मिट्टी में तहलील[3] हो जाएँगी
ये तलवारों के लिबास सिलवाने की रस्म कब से बन गई है
जो मतलब है कह डालो!
क्या मेरा मुख़ातिब[4] इतना घटिया हो सकता है
ख़ामोशी दिल तक फैल जाती है
ख़ुदा ख़ुश हो जाता है
इन्सान ठाठें मारता तौबा करने लगता है...
कई बार दोहराना चाहती हूँ
गए गुज़रे दिन झूठी रातें और सारे दरिया
लेकिन सामने देखने की आदत नहीं जाती
बात आगे बढ़ जाती है मैं पीछे रह जाती हूँ...
आज हवाओं को पत्थर न होने दो, ये कुछ कहना चाहती हैं
फिर तुम्हें पाकर चारों तरफ़ फैल जाती हैं
आख़िर फैलते-फैलते पौदा पेड़ हुआ...

---

1. पत्थर; 2. सुरक्षित; 3. विलीन; 4. जिससे संबोधन किया जाए

दीवार के पार सहन[1] बदनाम हुए
जिस्म मिट्टी में धँसा जाता था
किसी ने बेटी कहा, किसी ने जिस्म सँवारा
सँवारते-सँवारते ग़ायब हुए, जिन्हें लोग दोहराना चाहते हैं
वो इरादा जिसे कीड़े अपने दिल में रखते हैं...
क़दमों से नहाई धरती मेरी ख़्वाहिशों से भी छोटी है
और बुलंदियों पे भी अटल है
साहिलों पे अफ़्सुर्दा[2] है, दिल में ख़ुश है
बेगाने सरापे उसका ज़िक्र कर रहे हैं
बेगानी पोरों की ही वो उजरत है
और लफ़्ज़ की पहली अमान[3] है...
मुझे लपेट-लपेट के रख देते हैं ये कमीने कुत्ते मौसम
ग़ैरतों के इल्म सच्चे दिनों की तलाश में निकले
तिनकों की लौ में कितने जज़्बे फँसेंगे
जितने क़तरे मेरे लहू के पाक होंगे
उतने जीवन मैं ख़ुदा से माँगूँगी नहीं...
ख़ला[4] में अटकी कायनात इशारे पे रख दी गई है
बेख़बरी समुंदर काले कर देगी
बनूँगी आईनों में रहने वाला लम्हा
पकड़ूँगी चिता के धुएँ से बनने वाला इन्सान
इसके बाद सोचूँगी...
फिर जिस दिन तुम मुझे वसूल हुए
आग की ठंडक ज़र्द ही रहेगी
छोटी-छोटी बातें कई अंदाज़ लिये फिरती हैं...
पेड़ों की खोह में कितने रंग रहते हैं
अब दिल रखते हैं उँगली पे, सँभलें फिर गिरते-गिरते
और उलझीं अपने जिस्म पर लिपटी हज़ारों आँखों से
जिस्मी कायनात तो रूह में है, ठहरी रहेगी

---

1. आँगन; 2. उदास, दुखी; 3. पनाह, शरण; 4. शून्य

ख़्वाब के अधूरे मौसम चमकती साँस पर वार कैसे करते हैं
तुमने पूछा तो नहीं होगा, कुछ कहा तो नहीं होगा
सो के भुला दिया गया एक चराग़...
बाज़ रास्ते तुम्हें पसंद कर रहे थे अच्छा हुआ, संग-ए-मील
तुम्हें नज़र न आया
रुस्वाइयों से लड़ के यही लोग खड़े हैं
जिनके सहारे रात में इन्सान चले हैं
बदनामियों के साथ मेरे हाथ जले हैं
और वक़्त ख़रीदा हुआ कोई तमाशा
और मेरी परेशानियों से रात अँटी है...
लहू के फूल लिये तेरे लिए क्यारियाँ सजाईं
अपनी आँखों को तेरा झूला बनाया
लौटाया तुझे तेरा बचपन
बख़्शी होंटों में दबी उँगली
और रात की हमने चराग़ के हवाले
तुम क्यों जागते हो या सोते हो...
गिनो मत एक ज़िन्दगी के अज़ाब, चुनो मत मेरी रुस्वाइयाँ
और जो कपड़े चुराए गए जिस्म से
उन पे मेरी दास्तानें लिखी हैं, मौत के बाद क़बूल करना...
कुत्ते के मुँह में चाँद था लोगों की आँखें जिस्म से ज़रा परे थीं
और एक सम्त पूरी रात
घर का मुदावा[1] क्यों करें कोई भी समुंदरों में रह सकता है
अगर मिट्टी में पानी न छिड़का जाए...
सड़क पे ख़ुदा-हाफ़िज़ कहने वाला तसव्वुर परदेस पहुँचा
ये सब किनारे कश्तियाँ ढूँढ़ रहे हैं
ज़लज़ला[2] आएगा एक परेशानी की रूदाद है
तलातुम में अटकी साँस नहीं
आसमान की अफ़रातफ़री मिट्टी में समो दी जाती

---

1. इलाज, उपचार; 2. सैलाब

तो पल-पल यह रुका इन्सान
आँसुओं की एक माला देवी के गले में डालता...
औरत जब तेरे सवाल को जन्म देती है
कश्ती पहाड़ों पे तैरती है
काग़ज़ गलियों-गलियों गुज़ारा करते हैं
आहें अस्ल में ख़ुदा की बातें हैं...
शाम चार बजे आइनों पे चलने की दावत है
सौ-साला बिके हुए दिल का तोहफ़ा ख़रीदे
जिस में बक़ाया हैरानियाँ पैक कर देना
ज़िन्दगी इन्सान को सिर्फ़ दस साल देती है
पहली पूरा एक साल देती है, दूसरी पूरे कर देती है
सिलसिला ठंडे सूरज की तरह होता है
वादी हमारी आँखों को डसती है
ख़ूब तीमारदारी है
कि बहते दरिया बहते साँप चाहते हैं...
मैं तो समझी थी हवाएँ शर्मनाक सादगी को ख़ुदा-हाफ़िज़ कहने आई हैं
मैंने तो जाना था इज़्ज़त जैसी मजबूरी मेरा पीछा छोड़ चुकी है
लेकिन सात रंगों पर दौड़ती रातें तह-दर-तह रंग रखती हैं
और मैं रेज़ा-रेज़ा इन्सान के सिपुर्द हो चुकी हूँ...
मैं आज सब इशारे जान गई
चराग़ दिल नहीं और दिल चिराग़ नहीं
हसरतों के इरादे बहल-बहल जाएँ
मगर सुराग़ लगाया तो मैं ही टेढ़ी थी
नहीं-नहीं, कि हाँ मैं मुद्दतें गुज़रती हैं...
रात में ख़ंजर तोड़ा गया, रास्ते तो जोड़े भी न थे
लबों पे आख़िरी सवाल तो उभरा भी न था
ये पहले-पहले भरोसे कहाँ तक एहतिमाम करेंगे
पहले से ख़बर गर्म है
सर्द रात अलाव ढूँढ़ रही थी कि सूरज बेईमान हो गया
सौ-साला इंतिज़ार चराग़ में क़ैद है

रिहाई मिन्नतों के तौर तो मेरी मौत है
मेरी आदत को ख़ता समझकर सिमटने वाले
आँखों के समुंदर पाकी और नापाकी से आलूद[1] होते हैं
कि दो रास्तों का फ़ैसला मुख़्तलिफ़ नहीं होता
बहरूपिया हमारे बाप की रूह से लिपटा रहा
फिर हम कौन होते हैं अपनी मिट्टी कुरेदने वाले
शफ़्फ़ाफ़[2] वादों पर दहकते कोयले भी रखे जा सकते हैं
बैसाखियों की हदें भी...
मैं नक़्द हूँ यहाँ दिलासे वाली बात नहीं चलेगी
वो अपने जिस्म की ख़ताएँ मुझे बख़्श जाती हैं
कि बुलंद-फ़हमियाँ सहारने वाली कहाँ
ज़हर में बुझी ज़बान पे शर्मिंदा होने वाले
क़ब्र कतबों[3] से दूर नहीं होती
ख़ता इन्सान को पा ही जाती है, कि जल्दबाज़ी इतने रस्से कसती है
फिर मिन्नत-मिन्नत खिलौने ख़ाक उड़ाते हैं...
उधर भी दरिया इधर भी दरिया
सामने नयनों भरी ख़्वाहिश
चौखट पे आने-जाने वाले
दीवारों में घर
पलटती सदाएँ छूने आएँ
पहाड़ ज़मीन पे उतर आए
पहली-पहली टेढ़ा शिकवा
झिलमिल रुका है सदियों बीता
गुलाबी आँख में आँसू
पेड़ों-पेड़ परिंदे रूठे
रात समाई दिल में शायद उभरा चाँद खिलाए खेल
बस्ती में वो जाग रहा है जिसका जीवन सोता जाए
ख़्वाहिश बदले कौन जिया है, फूल हँसे पत्थर शरमाए

---

1. दूषित; 2. पारदर्शी, उजले; 3. समाधि-लेख

बेख़ाबी का कमरा छोटा आँखों जैसा जीवन खाए
और रोज़ मैं देखूँ
एक पड़ाव में सौ झोंपड़ियाँ जलती हैं
तब घर कितना याद आता है
तुम यह कैसे समझे कि मैं रो दूँगी बात भी कह दूँगी बल्कि साज़ छेड़ूँगी
बे-मक़सद अगर कलियाँ तोड़ी गईं तो
हज़ारों सावन मुबहम[1] हो जाएँगे
ख़ुशबू पहुँचे तो पिछत्तर पोरें उसे हिफ़्ज़[2] करें न करें
नुक़्ते ज़रूर कर लेते हैं
फिर बीज बोए जाते हैं और ताक में शराफ़त तो हर वक़्त रहती है
हर शय पूरी दुनिया हुई जाती है
ख़ाली कपड़े जब हवाओं से खेलते हैं जाने कौन याद आता है
अब भी वक़्त है एक अलम[3] का
मिट्टी डालो आसमानों पे आँधी से पहले नाम दर-बदर हुए...
अलम को थामने वाले कौन निकले, यही अपना पराया दोस्त था
दाम बढ़ते जा रहे हैं दुश्मन कहीं दोस्त न हो जाए
तुम तो पहली क़ब्र से चले थे, दिन निकला तो धूप का शिकवा
दहलीज़ों से शुरू आवाज़ें मेरे आँगन से उड़ता चाँद हुईं
और जब यह चाँद अनगिनत आसमानों पर दाग़ा जाता है
भरोसे के पीछे आँखें झुकाए चलते हैं
कि कहीं बे-घर ज़मीन सूरज के गिर्द अपना हाला[4] न बनाने लगे
आए दिन एक नई क़सम खाती हूँ
शरीफ़ मज़ाक़ चलता रहे तो क्या हर्ज है
ख़ुश तो इतने हैं कि शब-ओ-रोज़ पिंजरे में बाँटे जाते हैं
और कह दिया जाता है तुम्हारा इंतिज़ार किया था
नींद में फँसे ख़्वाब निकाल बाहर करूँगी
कि पत्थर की दुल्हन का बसेरा बीती रात के साथ हुआ चाहता है
नाहक़ फूलों को चराग़ पे रखते हैं

---

1. धुँधले; 2. कंठस्थ; 3. झंडा; 4. घेरा

देखे कोई लूटी हुई चाँदनी
ऐसे ही इस अहद में बाँहें फैली थीं
ऐसे ही नीम-वा[1] सी चली थी
जैसे ही दरवाज़ा खुला कमरे की उर्यानी[2] ने साबिक़ा[3] क़िस्से छेड़े
तेवर कशकोल[4] लिए आवारा से हुए
कोई मेरी तरफ़ बढ़ता है पाँव ज़मीन पर आ रहे
आधी ज़बान पे मैं आँखें रखे उसे पुकारती
खिड़की का शौक़ सूरज से पर्दा उठाता है...
मेरे हिस्से की किरनें मुझे तराशती हैं
लाचार उठती हूँ और हिफ़्ज़ कर लेती हूँ
इतने में पानी और मिट्टी एक हो जाते हैं
क़िस्सा थोड़ा रात लम्बी
फिर सूरज अपने नेज़ों[5] समेत इन्सान ज़मीन में गाड़ता है
लोग मारे ख़ौफ़ के अपनी उम्र और अपने राज़ जमा करा देते हैं
और सूरज कई बाँहों में छुप जाता है
जिस बाज़ू का वक़्त पूरा हो चुका हो वो सूरज से अलग डूबता है
बिजलियाँ अनहोनी दास्तानें गुज़ारती हैं
आसमान ख़लाओं का एतिमाद बहाल करता है तो मिट्टी गीली हो जाती है
खेत दरियाओं का इंतिज़ार करते हैं
उन्हें आसमानों पे छोड़ दिया जाता है...
अब मुक़द्दर की बारी है इससे ज़्यादा हम इन्साफ़ करना नहीं जानते
यह क़ायदा पहाड़ तले ही दबा रहा है—क़ायदा आग को दे देना
जिस्म की बात बराबर रहनी चाहीए
तुम मुझे कहानी सुनाना इसके इवज़ मेरे दुख तुम ले लेना
फिर दरिया में बहते काग़ज़ न रुकें तो मेरा नाम ले लेना
पेड़ों से रूठे पत्ते फ़ैसले का हक़ रखते हैं...
दो मील जब आख़िरी लबों पे थे

---

1. अध-खुली; 2. नग्नता; 3. बीता हुआ; 4. भीख का प्याला; 5. भालों

नाबीना[1] वसीयत मिट्टी का बोझ अपने काँधों पे उठा लेती है
हवाएँ चहमगोइयाँ[2] करने लगती हैं
और कमरे में रिश्तों भरा दस्तर-ख़्वान बिछा दिया जाता है
वजूद वाला दहलीज़ तक सफ़र करता है
अभी-अभी सुहानी आग के समुंदर में दो कश्तियाँ छोड़ी गई हैं
खुले समुंदरों में भी लोग कहीं तख़्तों के मकीं[3] तो नहीं हो गए
भरम रखना कि दिल कोई दोपहर माँगने न पाए
मोहलत अपनी हद तक देना
पराई बेटियाँ दुआओं के घूँघट माँगने लगी हैं
उनकी आँखों के हवाले से तुम सदियों तक चल सकते हो
उनके देस चुने गए हैं कि ये वतनी कहाँ की हुईं
ऐसा है उनकी मिट्टी फूल होती है...
उनके आँचल से काली मिट्टी बाँध दी गई है
उनके दिल से सूरज जलता है
और जिन होंटों पे चाँद के दाग़ पहुँचाए गए
वहाँ भी लोग हिदायत[4] के तलबगार नज़र आते हैं...
रेत में धँसे पत्थर जब हवाओं को ख़ुदा समझ बैठते हैं
तो क्या मैं एक साँस फ़रोख़्त नहीं कर सकती
और पुल के ऊपर फैले हुए आसमान ख़रीद नहीं सकती
मेरे ज़मीर में सात जहन्नम जलते हैं
जिन में एक जन्नत है
जो सर्दमहरी[5] का ख़ंजर लिये
मेरी नुमाइशों के सामने मुझे ललकारती है
बाक़ी ये चराग़ तो भूला हुआ रास्ता है
वो पेड़ों से मेरा नाम पूछता है
ये जानते हुए भी कि मैं लिबास में हूँ
आग के पहले क़दम पे मेरा माज़ी है
और दूसरे क़दम पे मुझ से इश्क़ करने वाले

---

1. अंधी; 2. कानाफूसी; 3. निवासी; 4. निर्देश, मार्गदर्शन; 5. रुखाई

मेरे तौर पर वो पहले समुंदर देखें फिर दरिया फिर एक तालाब
चाँद पूरा आसमान नहीं घेरता...
हवा का बदन लगातार आमादगी[1] है बेबाकियों की
है कोई दो-राहे पर
जिसे यक़ीन के साकित पर्चम पे ठहराऊँ
और आबरू के हुजूम से निकाल बाहर करूँ
रंगों को झिड़कने से अगर लिबास फटने लगे
तो तबस्सुम की हद तक रहना :
पहेलियों में अभी चालें ऐसी ख़लाएँ हैं जहाँ ठहर नहीं सकते
मिट्टी पानियों का बोझ उठाए जाने किसे तकती है
और पानी मिट्टी पर नाचते-नाचते एक दिन बादल न हुआ था
यह सूरज तो हमारी आग का एहतिमाम है
ज़र्द फूल और ज़र्द चेहरे जलाए जाएँ तो आग ज़र्द ही रहेगी
और जहाँ आग लगाई जाए वो मिट्टी सिर्फ़ काली हो जाती है...
दरिया समुंदर की तरफ़ निकल जाता है
समुंदर के मकीं धरती के नाग से ज़हर माँगते हैं
वो कहता है यह मेरा देस नहीं
और समुंदर कभी करवट नहीं लेता और आसमान टूटता नहीं
जहाँ तक हाथ न पहुँचे वहाँ लोग क़दमों के नीचे ईंटें रख लेते हैं
फ़रेब न कभी मिट्टी देती है और न कभी दिल
तो क्या मैं चंद दिन दूर तक जा सकती हूँ
क्या जिसे पागल नहीं कह सकूँ उसे इन्सान कह दूँ
मैं चाहते हुए भी आईने नहीं तोड़ सकती
कि आँखों में बँधा चाँद एक चेहरा समुंदर में रखता है और एक दरिया में
चुपके-चुपके चाँद तकने वाले, यह तहवार कई लोग मनाते हैं
जैसे मैं शुमार हुई
रुक-रुककर मैंने यह कायनात देखी तो मिट्टी पे मिट्टी के फूल
बनाए...

1. तत्परता

कि मेरी आस्तीनों में कोई दिल अटक नहीं सकता
ख़लाओं में झाँकना तो मेरी पुरानी आदत है
ख़लाओं की तरफ़ कोई आसमान मत लुढ़काना
कुफ्र जिस दिन मेरे तेवरों को फाँसी सुनाता है
आसमान को खोदा जाता है और एक क़ब्र तैयार हो जाती है
मैं अपनी तलाफ़ियों[1] पर
किसी भी चेहरे की इजाज़त नहीं चाहती
आदत दो हाथों के मिलाप पे नहीं खुलती
दरिया की तरह नहीं हँसती मुहब्बत की तरह चलती हूँ
हवाओं ने जिस फूल को चूमा उसका अंजाम नहीं भूलती
तारीक कमरे में रखने के लिए लोग मेरी आँखें माँग जाते हैं
इस नाबीनगी[2] में अगर मिट्टी हामिला[3] होती है
तो मेरा कौन-सा चराग़ जलता रहेगा
चाहूँ तो क़तरे में रहूँ
मानूँ तो कायनात के बाहर बाज़ूओं को पाऊँ...
बहाव कश्तियों पर सवार हुए, गोद तलातुम से हरी हुई है
वो नीम-शर्मिंदगी के औज़ार पत्थरों को दिखाता है
तो अस्ल तराश आदमी के साथ चलते हुए साये से होती है
पड़ोसी उमंगें समुंदरों से उभरी मौज को जब समुंदर होता देखती हैं
भाग कर एक गुड्डा ले आती हैं
और आख़िरी ख़्वाहिश का सौदा कर लेती हैं
अगर लहू में फँसा कोई जन्म न हो
और समुंदर जो तुम देख रहे हो
इसकी मौजों में मेरे ख़द्द-ओ-ख़ाल[4] बहा दिए गए हैं
और तेरी रातों में बसने वाला चाँद
एक दिन अपनी सादा-लौही[5] से तुझे क़त्ल करेगा
तो लाज़िम है कि मैं बहरूपिए को कहीं दूर ले जाऊँ
जहाँ मुहब्बत, ज़िन्दा आँखें रखे, डसे हुए जज़्बे नहीं...

---

1. बदला; 2. अंधापन; 3. गर्भवती; 4. नख-शिख; 5. सादगी

मैं डसे जज़्बे छुपाना चाहती हूँ
इक़रार के हाथों सारी उम्र की बेक़रारी तेरी कह दूँ
हम ख़ाक अच्छे हैं
और तेरी मज़दूरी हम तुम्हें ज़रूर देंगे
चराग़ के इवज़ घर देंगे, घर के इवज़ चराग़ देंगे
चराग़ को टूटना पड़ा एक कायनात के बाद
ख़ुदा ने मुझे एक जोड़ा भी न दिया था
मैंने तो आसमान के हवाले से अपने क़दम गिने
मिट्टी को आईने की मानिंद तराशा तो लोग कहने लगे
तेरे तेवर भौंक रहे हैं
ऐ ख़रीदारों के बिकने वालो
मिट्टी का घूँघट धरती के चारों तरफ़ फैला समुंदर है
और मेरे घर की चार दीवारें और दो गलियाँ हैं
कभी सीधी राह समुंदर की मुझे दिखलाओ
दरिया में ठिठुरे इनकार क्या हुए,आख़िर जा लिया न समुंदर को
बस चिन्दी-चिन्दी मिट्टी लिए समुंदर को जाते हो
कि मन-मन आँखें रखते हो और ज़र्रा-भर पाँव
आओ देखो मेरी नगरी में
साँप के सर पे ताज नहीं एक दिया जलाती हूँ
फुनकारी है बस फुनकारी
पहुँचूँ तो जंगल जागे...
उतरूँ तू लहू सैराब करूँ
शाख़ पे आधा फूल जागा
ये सच्ची गिरहें सच्ची गिरहें
थोड़ा-सा दिल सौ महर है
सुबह के चराग़ की मानिन्द आ मैं तुझे भूल जाऊँ...
समुंदर मेरा पेशा है जो कायनात से बाँधा गया है
फिर मेरे साथ भी तू बाँधा गया है
उदास रातों की क़सम कहती हूँ तेरे घर दीवारें ज़िन्दा हैं
याद है तेरे साहिल की तकरार

चाँद की चुग़ली तो चाँदनी खाती ही रहती है
वक़्त का मदावा सिर्फ़ फूल ही नहीं होते चाँदगहन भी होता है
जिससे माएँ डरती हैं
या नस्लों की ख़ुशबू एक ही पहलू रखती है
और मौसमों के बदले आग ताप लेना ज़्यादा भला लगता है
समुंदर को हाथ में रखकर देखें तो कोई रंग नहीं होता...
पत्थरों को आसमान ने रोशनी बख़्शी
जब यह पत्थर मिट्टी पे आशिक़ होता है
मायूसी के ख़ाली प्याले कितने लबों तक जाते हैं...
संग-ए-मील का मुसाफ़िर किस तकल्लुफ़ पे क़ुर्बान है
तमाशा हुआ मेरा चर्चा हुआ
रास्ते की ख़ाक किसी नक़्श पे सब्त[1] थी
कि मौसम आने वाला था
वक़्त थकने वाला था
राहज़न[2] लुटने वाला था
वो आता है जले पेड़ों की ख़ुशबुएँ चुनता
पूछा कितनी शहसवार हो, धुंध गवाही बनती हूँ
रात कटी लफ़्ज़ बँटे, चश्मा जैसे रेत बना
हसरत के बाद ज़माने ने एक तबस्सुम ख़रीदा है
जिसके होश में कोई गुनाह न था
कि लकड़ी के जल जाने में पेड़ की शान-ए-तरह-दारी में इज़ाफ़ा ही होता है
दीप मेरे हुए
जागने वालों ने आँखें मूँद लीं...
ख़दशे[3] तो क्या... ज़िन्दगी के औज़ार हैं
जिन्हें कहीं-कहीं रखते हुए चली आ रही हूँ
मुहब्बत पहलू का चाँद हुआ चाहती है
हम चाँदनी में सफ़र कर रहे थे

---

1. अंकित; 2. लुटेरा; 3. डर, संदेह

एक चाँद माँगकर मुफ़लिस हुए...
इंतिज़ार से टूटा है वो आदमी
शायद दीवार से दूर तक जा चुका हो...

मेरा नफ़्स[1] मर्द की इकाई चाहता है

मैं फूलों से ज़्यादा हँस सकती थी
और मौत से ज़्यादा मर सकती थी...
ज़मीन से पगडंडियाँ बिछड़ जाएँ तो मौसम नहीं आते
परिंदे अपनी-अपनी परवाज़ से बिछड़ जाते हैं
और मैं हमेशा टूटे पर इकट्ठे करती रहती थी...
सो तुम्हें भी मेरे झूठ की प्यास लगेगी
लेकिन मेरी आँखें नफ़रत से हामिला हो चुकी हैं
मैं सूरज से ज़्यादा सच बोला करती थी
और गुनाहों की गवाही मेरी हैरत को डँसती थी

---

1. अस्तित्व

सौगंधी नामा[1]

मेरे सिपहसालार[2] के पास आज़ा[3] कम
और लगामें ज़्यादा थीं...
मैं तुम्हें कमा न सकी
कि खोटे सिक्के मेरे पिस्तानों[4] से बह निकले थे
मैं आधी चारपाई बुनती रही...
और तुम मेरी शर्मगाह[5] में सोते रहे
तुम मौत नहीं भूलते, मैं भूख नहीं भूलती
मेरी शर्मगाह में यह कौन सा खोटा सिक्का चल निकला है
कि जहाँ से चाहूँ तुम्हें ख़रीद सकती हूँ
मौत ज़िन्दगी का इन्ज़ाल[6] है
सो मेरा तवाइफ़ी जिस्म इन्सान से होता है
मैंने नाच-नाचकर झांझर गँवाई
तुमने ख़ामोश रह के...
वो तवाइफ़ थी, शहवत-ज़दा[7] नहीं...
इसलिए हरामज़ादों ने तो हद कर दी
औरत को सिर्फ़ इन्ज़ाल समझ बैठे
वाह रे मर्द! न तू गलियों में भौंक सका
और न औरत में
खा अपने नुत्फ़े[8] की क़सम!

---

1. मंटो की एक चर्चित कहानी की वेश्या पात्र सौगंधी से प्रेरित, 2. सेनाध्यक्ष, 3. अंग; 4. स्तन; 5. योनि; 6. पतन, वीर्य-पतन; 7. कामातुर; 8. शुक्राणु, बीज

लेकिन तू अपना नुत्फ़ा नहीं जानता
कि औरत हमेशा से तवाइफ़ रही है
तुम्हारी तलवार और तुम्हारी सिपहसालारी उस वक़्त कहाँ थी
जब चार ज़न्खों[1] के इक़रार पर
मैं तुम्हारी मेराज[2] थी
सौगंधी नहीं जानती
कि रात उसे कहाँ सोना है
और किस मर्द ने उसके साथ क़हक़हा लगाना है
मैंने गालियाँ जीती हैं और तुम ने हारी हैं
और मर्द हया पहचान ले तो वो मर्द नहीं रहता
मैं गुनाहों की तरतीब हूँ
मैं किसी की भी इसलिए नहीं
कि तुम मिट्टी के सूरज हो और सिर्फ़ मशरिक़[3] में रहते हो
मैं मशरिक़ की कोख हूँ और मग़रिब[4] तक बच्चे जनती हूँ
मैं बे-जिस्म और बे-लिबास जल रही हूँ
आज तुम ने मेरी गुड़िया ब्याही है
बारात में तुम ने खोटे सिक्के बरसाए
और अमीर बनने के शौक़ में लोगों ने
अपने हाथ गन्दी नालियों में डाल दिए
मेरी गुड़िया जलावतन[5] करके
तुम ने बेघरी का दावा कर दिया
और ज़मीनों पे जुदाई का सोग मनाया जाने लगा

1. किन्नर, हिजड़ा; 2. चरमोत्कर्ष; 3. पूरब; 4. पश्चिम; 5. निष्कासित

आग-भरी रोटी

आग अपने पूरे रिज़्क़[1] से जल रही थी
चराग़ अपनी ज़बान ख़ला[2] में रख देता
आग का ज़मीर जब ख़ाक-भर मरता
मिट्टी का इन्सान आँख भर रो देता
मिट्टी क़ब्रों में दफ़्न होने लगती तो आग मरने लगती...
इन्सान बुझता रहा और आग जलती रही
प्यासे कटोरे में उसने आग भरी रोटी रखी
और ख़ुदा को भूखी आँखों से देखने लगा
ख़ुदा की आँखों में जब उसने फ़ासला देखा
तो अपनी प्यास तले रहने लगा...
आग-भरी रोटी मिट्टी को अपनी कहानी सुना चुकी थी
और वो अपनी प्यास पी रही थी
रोटी में बंजर प्यास थी और बंजर नींद थी
हाथों में टूटी हुई चूड़ियाँ हँस चुकी थीं
मेरे अंदर की ज़ंजीर हँस चुकी थी
मैं कूड़े के ढेर को गंदी आँखों से देख रही थी
चराग़ों की गंदगी से कपड़े ज़र्द हो चुके थे
और होंटों पे आग-भरी रोटी जल रही थी
सूलियाँ! रिज़्क़ की सूलियाँ अपनी मिट्टी अपना रिज़्क़ भूल चुकी थीं
मेरा रहम[3] इजतिमाई[4] क़ब्रें बन चुका था...

1. अन्न, खाना; 2. शून्य, ब्रह्मांड 3. गर्भाशय; 4. सामूहिक

ख़ुदा की रियासत

तुम्हारी आवाज़ कुँवारी है
वर्ना मेरी रात कुँवारी न होती
आज मिट्टी का जन्मदिन है
अफ़सोस मिट्टी और मेरे दरमियान
ख़ुदा की रियासत है

मैंने झूठ के बड़े बच्चे खिलाए
लेकिन वो मुझ से ज़्यादा
जवान निकल गए
और मैं सच जितनी रह गई

वार्ड नम्बर एक

वार्ड नम्बर एक में आँखें रहती हैं
वार्ड नम्बर दो में ख़ामोशी रहती है
और वार्ड नम्बर तीन में कोई नहीं रहता
अपने-अपने लहू में क़हक़हे लगाते हुए लोग
छुपी-छुपी आँखों से देखते हैं
काश औरत भी जनाज़े को काँधा दे सकती
लोग मेरे आज़ा में काँधा बदल रहे हैं
यह वार्ड नम्बर एक का आख़िरी बिस्तर है
और आख़िरी बिस्तर पे बात ख़त्म हो जाती है
लगता है सारे मरीज़ नाज़ी कैम्प से आए हैं
और वार्ड नम्बर एक इससे ज़्यादा क्या कहे
किसी वक़्त भी कपड़े चुराए जा सकते हैं।

मेरे बेटे!

एक दिन मुझ पे मेरी आँखें टूट पड़ीं
मुझे तेरी ख़ाली आँखों की क़सम
ऐसा ही सन्नाटा था
जब मेरा बाप खो गया था
तेरे पास खिलौने नहीं
मेरे पास तो हैं
मैंने अपना नाम मिटाकर तेरा नाम रखा था
मेरा ख़ाली कफ़न तेरी माँ की लाश रखता है
तुझे मिट्टी पर नींद आ गई
तो मैं जाग गई बेटा
जागती आँख के पास
न कोई चाँद होता है न कोई सूरज
मेरे दुख, सुख की पड़ोस में रहने लगे
मेरे पिस्तान तुम्हें आवाज़ देते
आख़िर सफ़र क़दम की क़ैद में आए
तेरे एक आँसू पे तेरी माँ बाज़ार हो आई
पंछी मुझे ख़ाली हाथ छोड़ गए
आख़िर बाज़ार लगे
पहली बोली तेरी माँ की लगी
और आख़िरी बोली तक तेरा बाप सोता रहा

अगर मैं अपने गुनाह में मसरूफ़ हूँ
तो मत पुकारना बेटा!
कि मैं तेरी हर सदा पर जन्म लेती हूँ
अगर मैंने जन्म ले लिया है
तो बेटा! शाम को मुझे दार[1] पर चढ़ा देना
कि तेरा जन्म सब के साये में हुआ था

---

1. फाँसी

रिहाई के बाद

इन्सान वक़्त से ज़ख़्मी था और वो क़दम-क़दम बहल-बहल जाती थी
लेकिन ज़मीन बहुत गहरी थी—और पस्तियों के शिकार पस्तियों पे
परवाज़ करते रहते—वक़्त एक गहरा दाग़ बन चुका था—और सफ़र
ज़मीन की सदाओं से ज़्यादा गहरा न था
दिल का साया जब भी पड़ता है लिबास पे इक परछाईं-सी उड़ती रहती
है और दुख की बूँदाबाँदी जब आसमान पे रह जाती है रात मेरे घर नहीं
आती—मैं आँखों पे ख़ौफ़ का काजल लगाए वक़्त को गिनती रहती हूँ
और वक़्त मुझे गिनता रहा
इक़रार की सलीबों पे मेरे कई क़त्ल हुए और अजनबी वक़्त घड़ी में रहने
लगा था—ख़ौफ़ की तारीकी से मैं अक्सर कतरा-सी जाती—और ज़ंजीरों
के साहिल से खेलती रहती—बेज़बान ज़मीन पे अक्सर दौड़ती रहती
तंग गलियाँ इतना शोर मचातीं कि घर एक दर होके रह गया और मैं
ख़ामोशियों में रहने लगी—आँखें दिल के तालाब में एक डूब जाने
वाली ख़्वाहिश थीं
और रूह की नंगी बातों से तन-आसानी पैदा न होती थी
जब्र[1] का ख़ारदार[2] बदन सामने रखा होता
और सलीबों के मुर्दा चेहरों पे कोई आवाज़ सच्ची न थी
बीनाई[3] मेरे दिल में क़ैद कर दी गई थी
और मेरा बदन रूह में धड़क रहा था
आँखों की चीख़ों से मेरी आवाज़ ज़ख़्मी हो चुकी थी...

---

1. अत्याचर; 2. कंटीला; 3. दृष्टि

आवाज़ें अनगिनत लम्स[1] लिए साये से उखड़ चुकी थीं
सच्ची आवाज़ें दहलीज़ पे जूतियों के साथ रह गई थीं
और ख़ौफ़ मेरे कफ़न को स्याह कर चुका था
मेरे अंदर गिरा हुआ एक खिलौना जुड़ गया था और खेल रहा था
और सलीबों के मुर्दा चेहरों पे कोई सच्ची आवाज़ न थी!

---

1. स्पर्श

नींद का रंग

नींद का रंग जब मेरे कपड़ों से गिरता मेरी मिट्टी सियाह हो जाती
थकी हुई रूहों के पास भी अँधेरे न थे जो मैं चराग़ जलाती
और खिलौने को जोड़ना मेरी आदत न थी
कड़ियाँ रिहाई के बाद कड़ियाँ ही रह जातीं
मैं आँखों को चुप-चुप देखती रहती...
ग़रीब को भूख से ज़्यादा नंगा देखना चाहती थी
मैं अपने आप में डूब रही थी
कि हर मौज ज़मीन हो के रह गई
आँखों से नींद का रंग गिर गया
कहीं से इंसानी अँधेरा मिल जाता तो आँखें और नींद देखने लगतीं
और मैं बीनाई को बुझने न देती
सच्चाइयों के संग-रेज़े[1] जब मुझे दफ़्न कर चुके
तो मैं बुत बन गई
मुर्दा आँखों पर बैन करने के लिए कोई आवाज़ न रह गई
मेरी रूह में सन्नाटे की परवाज़ रह गई थी
और मिट्टी अपने ज़र्रों में मर चुकी थी
मिट्टी के रहम[2] से इन्सान पैदा करना मेरे बस में न था

सो मैं इन्सान की नींद में शामिल न थी
ज़िन्दा आँसू कहाँ रखती :

---

1. पत्थर के टुकड़े; 2. गर्भाशय

कि ज़िल्लत में मेरा दिल डूब मरा था
और सूरज भी अपनी क़ैद से निकलने वाला था
ऐ मेरे नाम मुझ से मत छुप!
मुझे पता है तू बड़ा गुनाहगार है
और लोग भी जानते हैं तेरा नाम बड़ा ही नंगा नाम है
अरे मुझ से सतर-पोशी[1] क्यों करता है
माँग ले किसी नाम वाले का नाम
सो जा सो जा! अभी रात बाक़ी है
जाग रे जाग! लहू पैवंदी होने को चला है
आ मेरे अन्दर महव-ए-रक़्स[2] रह
कि बदन और नाम, बेटी और जोरू
दीवार में जल-बुझ
कि आज हवाओं के साथ चराग़ भी पागल हो गए हैं
हरामज़ादे कुत्ते!
जब से जनम लिया है मेरे पीछे पड़ा हुआ है
ओहो पकड़ा गया
तेरा जनम भी तो मेरे साथ हुआ था
मैं तो इतनी अच्छी थी
तेरे पास सूअर कैसे आया?
क्या मैंने तुझे दूध नहीं पिलाया?
तेरी वजह से लोगों के साथ सोई नहीं हूँ?
तुझे बड़ा नहीं किया है!
मेरे साथ चलते-चलते कभी मिट्टी के नीचे चला जाता है
कभी फूल बन लम्हे का धोखा बनता है
कभी लोगों के लबों से खेलता है
आख़िर चाहता क्या है!
तू ने कहा मेरे साथ हम-बिस्तरी[3] कर
सो तुझे पैदाइश वाले दिन से अपनी आँवल-नाल से बाँध लिया!

---

1. बदन ढाँकना; 2. नाचने में मगन; 3. सम्भोग

हरामी! मुख़बिर! मैं ज़रा-सी पागल हुई तो
कोठे पर जा बैठा था
घुँघरू चराग़ों के साथ ही बुझ गए
अरे तेरे लँगोट मेरे पास हैं
हार जा, हार जा कि आज तक कोई नहीं हारा
इतनी मुरली बजा कि अपने आज़ा में महव[1] हो जाऊँ!
इतने साज़ छेड़ कि मैं आँखों से दूर चली जाऊँ
किसी वीरान दिल में
किसी वीरान चाप में
फिर दूसरे नाम वाले ने अपने बदन के लिए
पाँच रुपये का टिकट लगाया है
और ऐ नाम, मेरा टिकट तो तू है
रुस्वाई का टिकट
कटी हुई नेकियों का टिकट
झुलसी हुई भूख का टिकट
मर्द में फँस जाने का टिकट
मुझ से झूठ मत बोला करो
कि मेरी रात क़ाबिल-ए-एहतिराम[2] है
कि मेरी शर्मगाह में
कितने ही लोग मर रहे हैं
और मैं ज़िन्दा हो रही हूँ
और मेरी बहन एक पेड़ की छाँव में खड़ी है
उसे क्या ख़बर कि मैं कौन हूँ और ऐ नाम
तू कौन है!
उल्लू के कान!
मैं सारे आज़ा बाँट चुकी
कि मेरा बदन से क्या नाता
और किसी का भी बदन से क्या नाता

---

1. अंगों में गुम; 2. सम्मान योग्य

ख़ुदा ने ख़ुद कहा है तुम्हारा मांस कीड़े खाएँगे
तो अगर मेरा मांस मर्द खा रहा है तो क्या हरज है
और फिर भूख लगी हो तो हराम खाओ!
सो मैं हराम के मर्द खा रही हूँ
क़िस्सा क्या है
मेरा नाम मेरी पहचान नहीं
मेरी धारें मर्द को लपेट रही हैं
क़ैदी है ना
इसीलिए हमें आँख-मिचौली नहीं खेलने देता
मेरा नाम भाग गया
इंसानो! आज मेरा नाम ढूँढ़ लाओ
मर्दो! कोई क़ब्र मेरे लिए भी छोड़ दो
कहते हो तो
आग में अपनी क़ब्र बना लूँगी
मेरा नाम चराग़ों में लगी हुई आग में जलता रहेगा
और मैं चिता की आग
बोलो!
सारे समुंदर तुमने गिन लिए
दरिया यतीम तो नहीं
ऐ नाम मेरे नाम!
हर दिल में मेरी एक क़ब्र बना डाल
कि यही एक रिश्ता है।

एक मुकालमा[1]

मैं औरत
तुम से इश्क़ करती हूँ
कल तो तुम ने मुझे फूल दिया था
हाँ आज मैं तुम्हें गवाहों समेत चाहती हूँ
किसी फूल की गवाही न चल सकेगी!
आज मैं अंधे हाथों से लम्स को पुकारूँगी
तुमने अपना नाम तो नहीं बदल दिया!
धूप से कभी सच बोला है!

लेकिन तुम्हारी तन्हाई देखकर तुम से इश्क़ नहीं करूँगा

तुम जानते हो कि मैं तुम से इश्क़ नहीं कर रही
इसलिए झूठी हैरत से आँखें ओढ़े हुए हो

मैं तुम्हारी मुहब्बत को बताऊँगा
कि तुम मुझ से इश्क़ सियाह कर रही हो

मेरे महबूब ने कभी मेरे सियाह कपड़ों से हाथ नहीं धोये
लेकिन इतना ज़रूर है
काले रंग पे कोई रंग नहीं चढ़ता!

लड़की!

1. संवाद

तुम्हारे कहने के मुताबिक़ कि तुम मुझ से इश्क़ करती हो
लेकिन आज मैं तुम से इश्क़ नहीं करूँगा

पागल! मैं चवन्नी का पेट पाल रही हूँ!
और यह तुम भी जानते हो!

इसीलिए तो तुम्हारी चादर चाक नहीं कर रहा!

मेरी कि अपनी?
ख़ूब लफ़्ज़ है भाई!
कहने लगी और कह गई!
वाह! आज औरत ने मर्द को छेड़ा है
तो कहने लगा कि ऐसा कम कम हुआ
पूरे पाँच दोस्तों के मैदान में कहा है
क्या?
वाही हरामज़ादे जो तू समझ रहा है
मैंने अपनी तमाम बहनों से कहा है मर्द छेड़ खेल खेलें!
समुंदर दरिया में बहने लगा!
नहीं रे नहीं!
मैंने आसमान से तारे नोच, फूल सजाए हैं
तू मेरी गोद में आ जा!
मैंने इश्क़ करने का दावा किया है
तेरी गोद हरी करने को कब आई!
बस! दो मिनट लब पर आए
चुप!
बराबर वाली दीवार में एक और औरत पोशीदा है
मेरे दरवाज़े बड़े मुहतात[1] हैं!
लेकिन! नहीं! नहीं

1. सतर्क

मेरी बस मेरी!...
और दीवा़र में हाथ रह गया
कुतिया! तुम्हारी जैसी औरतें ही घर-बार लुटाती हैं
मैंने तेरे शोहर को नहीं छुआ!
उसने अचानक मुझे हाथ लगाया है
मैंने सिर्फ़ इतना कहा था
मेरी बाँहें तुम्हारे घर की साज़िश करती हैं
मैं तुम्हारी ही मुहब्बत में निकली थी!
मैं तुम्हें जन्म देना चाहती हूँ
इसीलिए पैदाइश के अमल से गुज़र रही हूँ
मर्द पैदा करते हुए तो आँखों के आसे टूट जाते हैं
मेरा दर्द देख!
ऐ मेरे आशिक़ की बीवी
कि तेरे शौहर को पैदा करना चाहती हूँ
लज्ज़तों का सौदा नहीं कर रही
कि ज़ेर-ए-नाफ़[1] एक दीवार रखती हूँ
मर्द बाज़ारों में है
तेरी अँगिया में नहीं
मेरे गाल पे तेरा थप्पड़ पड़ा है
मत उठाना!
कि मैं अपना ज़मीर बनना चाहती हूँ
हाँ! आज कोई बात ज़मीर बन गई है
कहाँ हूँ मैं?
ऐ औरत तेरे पास!
कहाँ है वो?
ऐ औरत तेरे पास!
औरत कहाँ है?

---

1. नाभि के नीचे

कोठों पे, आँखों में!
और चाप में!
निकल जाओ!
दरवाज़ों से तुम ने मुझे आज निकाल दिया तो दरवाज़े हमेशा उदास रहेंगे
तुम मेरी रात भूल रही हो!
कल कहानी सुनाते-सुनाते भटक जाऊँगी
मेरे आशिक़ ने
रात में मेरा इज़ारबंद भिगोना चाहा था
इसलिए मैंने उसे इश्क़ के पैकेट में बाँध दिया
और उसके इसी जज़्बे को जलाते-जलाते
मेरी एक पोर भी जल गई है
लेकिन मुझे सारे आशिक़ों की क़सम!
अपना एक-एक आज़ा जलाकर
तुम्हें क़सम दूँगी!
पगली! मैं तो तेरी कोख में सदियाँ रखना चाहती हूँ!
मैं तो तेरी रस्सियों में गुँधी आँखें सँवारना चाहती हूँ!
मैं तो तेरे दूल्हा को बेटा बनाना चाहती हूँ
कीचड़ मेरा, बेटा तेरा!
चल कर ले वादा
दरिया को आख़िर घर जाना है
परिंदों से आख़िर घोंसले टूटते ही हैं
हवाओं को फूल चुराने ही हैं
तुम्हारी बेटी के दूल्हा से भी कह दूँगी
मैं तुम से इश्क़ करती हूँ
अगर ज़िन्दा रही।

आग बंजर है

मैं अपनी बे-फ़सल दुआ लिये लौट आई
ख़ाक और क़दम काफ़ी नहीं हैं
दरियाओं की ख़ामोशी प्यासों से पूछ आ।

मैदान ख़त्म

इशारे के पीछे हाथ था
सो हाथ समेट के उसने हथेली छुपाई
और तुम्हारी तक़दीर हुई
पहले क़दम पे मैदान ख़त्म है।

मैदान ख़त्म है

ज़मीन गर्द नहीं झाड़ सकती
पानियों पर ज़मीन का लाशा रखा है।

जुआरी रंगों में सूरज

मिटने के लिए
छाँव फूलों का ज़हर पिए
अपना प्याला शाख़ों को देती है
और फिर
गहरी खाइयों में अँधेरा गूँजता है।

मिट्टी

तुम्हारे तीर से बची हिरनी
तुम्हारे लिए जंगल लाई
सो मैं तुम्हारा इक़रार हूँ।

तवाफ़[1]

सुना! आज मैं घर गई थी
उसका घर उसके लहू में बह गया था
और उसके दरवाज़े दीवार में झुक गए थे
हवाओं ने खिड़कियों-सा लिबास पहन लिया
उसके सारे हवाले[2] अब मुझे बाँटना चाहते थे
लेकिन!
मैंने आख़िरी क़ैद से चलना शुरू किया था
कहानियों के लिए
मैं अपने आज़ा[3] बाँट आई थी
लोग आँखों से ही बहल गए थे
सुना! आज मैं घर गई थी
मेरे ख़सम ने मेरे घर की दीवारें ब्याह दीं
और मेरी लौंग से भी छोटा पड़ गया
और वो मेरे आज़ा में बस भी तो न सका था
सूरज से इन्सानों की ज़िन्दगी छीन ली गई
इतना हुआ
अँधेरे चराग़ों को गालियाँ देने लगे
और मैं लिबास को
मैं उसके जिस्म से एक ईंट निकाल चुकी थी
और मेरे हाथ ईंट-सी चुग़ली रखते थे

---

1. चक्कर काटना; 2. प्रसंग; 3. शरीर के अंग

वो मेरी बाँहों में साँस ले रहा था
कि घर के हिसार से वो निकल चुका था
और मेरी आस उसमें टूट चुकी थी
वो आँखों की सिलवट पे चेहरा रखता
मेरी अँगूठी का पत्थर उससे जीत गया
सुना! मैं घर गई थी!
आख़िरी सदी मेरी माँ इस्तेमाल कर चुकी है
मुझे आवाज़ देती है
लेकिन मैं होंटों से दूर चहलक़दमी कर रही थी
और माँ शायद अपना आँगन फ़रोख़्त करना नहीं चाहती थी
बस नई दीवारों का रुख़
मैंने फ़ासले से रख दिया
सफ़र ने मुझे फ़ासले से रख दिया और पगडंडियाँ
हसद[1] में हाथ मलने लगीं
मैंने जोगी को सपेरा बना दिया।

1. ईर्ष्या

अम्बार

लहू से उदास आवाज़ें आती हैं
मुफ़लिसी का साँप दूध पीने भी नहीं आता
जोगन मुर्दा पेड़ की लय पे नाच रही है
चारों तरफ़ आँखों के अम्बार[1] हैं
ये दरवाज़े हैं कि ताबूत
दुख समुंदर की कोख क्यों बना जाता है
डर मेरी अँगिया क्यों खोलता है
सूरज अपने पूरे बदन से उड़ेगा
और रात परिंदों के परों में रह जाएगी
पेड़ों से कितनी बाँसुरियाँ शिकार करोगे
सूरज इन्सानों की फ़सल काट रहा है।

---

1. ढेर

बाँझ मौत

गुनाहों की कमी में मैं आई
तो साँस दुखने लगा
गुनाहों से जी उठा कर चलने लगी
और एक क़दम न रुकी
फ़ासले के साथ साँप सोया
और मौत की बाँसुरी मेरे बंद-बंद पर बजाई जाने लगी
मैं माँ का असासा[1] थी
और बाप का रूप थी
सो आवारगी को मैंने
आँखों से थामा
लेकिन मैं कौन थी?
जन्म को दुख देने वाली कुतिया
और फूलों की पोरों पर मर जाने वाली
आसमान पे अटके सूरज की धूप लूटने वाली
रंगों का जुआ खेलने वाली
मक्कारी के बच्चे खिलाने वाली
और ख़ुद से डरने वाली रात

वो कौन था?
मेरी शर्मगाह में मरनेवाला

---

1. पूँजी, संपत्ति

और मेरी शर्मगाह में लाशों के अम्बार उठाने वाला
दुखता हुआ मेरी हँसी से
वो मेरी खिलाड़ी हँसी से मरा था
और मैं आँखों की शहवत[1] से मरी थी
हम फिर से मिले थे
मकरूह[2] हँसी के बेगार कैम्प में क़ैद
फ़ासला और फ़ासला और कम-कम फ़ह्हाशी[3]
के साथ एक दूसरे के गिर्द इकट्ठे मर रहे थे या ज़िन्दा हो रहे थे

हम कौन थे?
तुम कौन थे?
वो कौन थे?
अपनी माँ के बंद से बिछड़े रो रहे थे
ये दुनिया ख़ुदा की नहीं थी
मेरे कपड़ों की रुस्वाई थी
मैं नंगी आँखों वाली
बेगार हँसी का कफ़न लपेटने वाली
मकरूह लिबास वाली
मैं कहाँ थी
अपनी शर्मगाह में सोई हुई
मौत झेल रही थी
रहम[4] में मौत हँस रही थी
और इन्सान पैदा हो रहे थे
चाँद की काली चीख़ उसे डँस रही थी
और सदियों के पेट में बेशुमार माएँ
अपनी दुआओं से मर चुकी थीं
मैंने मरी हुई दुआएँ इकट्ठी कीं
और तेरे रब के पास पहुँची

---

1. कामुकता; 2. घृणास्पद; 3. अश्लीलता; 4. गर्भाशय

वो बेगाना निकला
और मैं आज तक पराए देस में हूँ
मैं नहीं जानती
मेरी ज़िन्दगी और मौत कब ब्याही गई!

सत्यार्थी[1] के नाम मेरे दुख

खेलते-खेलते!
जिस दिन मिट्टी मेरे पैरों की लकीरों से पागल हुई
और शर्म जवान हुई
पहले दरवाज़े खोए, फिर गलियाँ खोईं
फिर लोग भी खो गए!
जिस दिन माँ को छुपते हुए देखा
मैं छुप गई
तो मेरे लहू के साँस ख़त्म हुए
मैं अपने बाप की क़ब्र पे
कत्बा लिख आई थी
सत्यार्थी मुझे बेटी न कह
कि मैंने बिके हुए कपड़े पहने हुए हैं
अभी कपड़े गंदे हैं और गीले हैं
कुंज, दरख़्त और छाँव
मेरे बिकते ही राख हुए
मेरे हँसते ही गुनाह हुए
सत्यार्थी मुझे बेटी न कह
मुझे मेरे मर्द की तरह लगे हो
क्या कहूँ! लम्हा ही कुछ कह गया था
छुप जा लड़की छुप जा
इस सीने में

1. कहानीकार देवेन्द्र सत्यार्थी

इस जवान में
बेटी धूप मुझे अपने साँसों की तरह प्यारी है
यह झूला मैंने पहली बार झूला है
क्या ही अच्छा होता!
अगर मेरी माँ तुम्हारे साथ हँसती
तो मैं जन्म लेती
अब हाथ मिलाऊँ कि हाथ मलूँ
सत्यार्थी मुझे बेटी न कह
मेरी नीयत पे ख़ुद ही टाँके लग गए थे
पर 'बेटी धूप' से पहले